本书为浙江省新型智库培育单位浙江万里学院中东欧研究中心、教育部国别和区域研究中心、中东欧经贸研究中心、宁波市"一带一路"建设研究基地的系列丛书成果之一。

丝路研究文库

The Construction of the Belt and Road Initiative

Regional Experience and Patterns

"一带一路"建设

地方的经验与模式

殷军杰　著

ZHEJIANG UNIVERSITY PRESS
浙江大学出版社
·杭州·

图书在版编目(CIP)数据

"一带一路"建设:地方的经验与模式 / 殷军杰著
. --杭州：浙江大学出版社，2022.11
ISBN 978-7-308-23161-9

Ⅰ.①一… Ⅱ.①殷… Ⅲ.①"一带一路"－国际合作－研究 Ⅳ.①F125

中国版本图书馆 CIP 数据核字(2022)第 192140 号

"一带一路"建设:地方的经验与模式
殷军杰 著

策划编辑	吴伟伟	
责任编辑	宁 檬	
责任校对	陈逸行	
封面设计	雷建军	
出版发行	浙江大学出版社	
	(杭州市天目山路 148 号　邮政编码 310007)	
	(网址：http://www.zjupress.com)	
排　　版	杭州隆盛图文制作有限公司	
印　　刷	杭州钱江彩色印务有限公司	
开　　本	710mm×1000mm　1/16	
印　　张	14	
字　　数	222 千	
版 印 次	2022 年 11 月第 1 版　2022 年 11 月第 1 次印刷	
书　　号	ISBN 978-7-308-23161-9	
定　　价	68.00 元	

总　序

　　2013年秋，中国国家主席习近平首次向世界发出共建"丝绸之路经济带"和"21世纪海上丝绸之路"的伟大倡议，绘就了一幅气势磅礴、笔墨酣畅的大写意，得到国际社会高度关注和广泛参与。在习近平主席的亲自谋划、亲自部署、亲自推动下，"一带一路"这个根植于历史厚土、顺应时代大势的重大国际合作倡议，走深走实、行稳致远，在高质量发展中成为推动构建人类命运共同体的重要实践平台，为各国开拓出一条通向共同繁荣的机遇之路。

　　经过8年多的发展，已有145个国家、32个国际组织签署了200多份共建"一带一路"合作文件，中国与日本、意大利等14国签署了第三方市场合作文件；有关合作理念和主张写入联合国、二十国集团、亚太经合组织、上海合作组织等重要国际机制的成果文件。"一带一路"倡议下的朋友圈越来越大，"一带一路"的国际影响力、合作吸引力不断释放，合作伙伴越来越多，合作质量越来越高，合作前景也越来越广阔。

　　共建"一带一路"从夯基垒台、立柱架梁到落地生根、持久发展，从绘就一幅"大写意"到绘制精谨细腻的"工笔画"，走出了一条高质量建设的光明大道。推进"一带一路"建设高质量发展，更需要智库先行、学者先行、研究先行。宁波海上丝绸之路研究院（以下简称宁波海丝院）正是为响应国家"一带一路"倡议、中国特色新型智库建设以及浙江省推进教育现代化、实施高等教育强省战略，于2015年由宁波市人民政府与北京外国语大学合作成立的。宁波海丝院致力于服务浙江建设"一带一路"重要枢纽［宁波"一带一路"建设综合试验区、中国—中东欧国家经贸合作示范区、中国（浙江）自贸试验区宁波片区等］的国家战略目标，开展以问题为导向的咨政咨询研究和以市场需求为导向的市场化运营服务，打造集咨政研究与咨询服务、人才培养、文化传播与交流、数据库平台功能于一体的国际知名、国内一流的"一带一路"地方特色新型高校智库。在 2018 年夏季达沃斯论坛上,入选由国家信息中心发布的《"一带一路"大数据报告》中的"一带一路"高校十大智库,拥有"教育部国别与区域研究中心""中东欧经贸研究中心"等 10 多个部、省、市平台,是中国—中东欧国家智库网络理事单位、中国智库索引(CTTI)来源智库等。

宁波海丝院立足浙江(宁波),以地方融入"一带一路"建设视角,研究"一带一路"建设实践中的现实问题,探索地方"一带一路"建设的特色之路,通过凝练总结地方经验、地方模式,发挥全国的示范带动作用。宁波海丝院高起点、高标准、早谋划、快行动,早在 2015 年,就开始筹划出版地方融入"一带一路"建设的丝路研究文库,力求能够为"一带一路"建设贡献智慧:一方面为国人答疑解惑,诠释"一带一路"倡议;另一方面为更好地推进"一带一路"建设贡献地方学者观点、奉献地方实践经验。宁波海丝院联合北京外国语大学、浙江大学、美国波士顿大学、新加坡国立大学、拉脱维亚国际事务研究所等科研院所的专家学者在浙江大学出版社策划出版了"丝路研究文库"丛书。丛书第一本《"一带一路"战略:宁波的选择与构建》,在社会上引起了强烈反响、广受好评。2018 年,宁波海丝院又成功出版了《"一带一路"建设:地方的设计与实践》《争创国家试验区:宁波"一带一路"综合试验区建设研究》和《海上丝绸之路:宁波的历史与未来》三本书。以上图书的成功出版,极大地鼓舞了宁波海丝院科研工作者们的研究热情,更加坚定了他们深耕"一带一路"的决心。

融战略性、前瞻性、学术性和可读性于一体,是"丝路研究文库"丛书的一大亮点。丛书着重从经贸、法律、人文交流、通道建设及中国—中东欧国家合作等多领域、多层次和多角度将"一带一路"建设的相关重要问题细致地呈献给读者。我们期望,在新的历史起点上,我们能够很好地为广大读者解答如何推进"一带一路"建设,沿线国家和地区以及我国政府、企业和老百姓等都将迎来哪些机遇与挑战,如何融入"一带一路"建设等重要问题。值得一提的是,本丛书遵循从宏观到微观、从区域到国别、从理论到实践的原则,深入细致、扎扎实实地把握"一带一路"建设的规律,为党政部门、高校、智库、企业和民众提供对"一带一路"建设有价值的战略咨询和对策建议。我们相信,本丛书的出版将对"一带一路"建设事业的蓬勃发展起到一定的推动作用。

本丛书作者大多是"一带一路"相关研究领域专家、一线教学的老师、"走出去"的企业管理者和相关政府人员，他们从各自研究、工作经验角度深度剖析相关研究命题，以精益求精的严谨态度，反复修改稿件，使得文稿能够以完美的形式呈现。

非常感谢团队成员的精诚合作，他们对本丛书付出了极大的热情和汗水，也特别感谢浙江大学出版社的精心策划，以及对各个细节的反复推敲和修改。本丛书的顺利出版离不开大家的辛勤劳动。本书作为浙江省新型智库培育单位浙江万里学院中东欧研究中心重要的系列丛书成果之一，得到了浙江省新型智库培育单位浙江万里学院中东欧研究中心、浙江省新型高校智库宁波海上丝绸之路研究院、宁波市"一带一路"经贸合作协同创新中心、宁波市"一带一路"建设研究基地的专项基金支持。

"一带一路"建设在深入推进，新实践、新认识在不断发展，丛书难免存在不足之处，敬请广大专家和读者批评指正！

宁波海上丝绸之路研究院院长　　　　　　　闫国庆教授
宁波中东欧国家合作研究院院长
2022 年 5 月

目　录

文化篇

通道篇

热

点

篇

把浙江省打造成中国与中东欧国家合作中心枢纽的若干建议

闫国庆　　殷军杰　　龙力见　　高　聪*

一、中国与中东欧国家合作中心枢纽的内涵

浙江省打造中国与中东欧国家合作中心枢纽,包含以下五大内涵。

内涵一:国际跨区域合作制度创新和示范先行的典型样本。主动适应国际跨区域经贸规则重构的新趋势,积极探索建立适应国际跨区域合作的更加灵活高效的制度创新体系,成为国际跨区域合作示范先行的典型样本。

内涵二:统筹国际国内两大市场的经贸合作中心平台。充分发挥强大的国内市场的优势,积极推进与中东欧国家之间的商品、资本、人员等要素的流动,把浙江省打造成与中东欧国家形成"双循环"新发展格局的经贸合作中心平台。

内涵三:国际科技创新引领、数字经济和绿色低碳等新经济发展合作的金字招牌。充分发挥浙江省在数字经济等方面的技术、规模、产业优势,打造浙江省与中东欧国家数字经济和绿色低碳等新经济发展领域的新引擎。

* 闫国庆,男,宁波海上丝绸之路研究院院长,教授,博士生导师,主要研究方向:国际贸易理论与政策。殷军杰,男,浙江万里学院教师,宁波海上丝绸之路研究院院长助理,助理研究员,主要研究方向:"一带一路"建设、中东欧问题。龙力见,男,宁波海上丝绸之路研究院办公室主任,助理研究员,主要研究方向:"一带一路"建设、区域物流。高聪,男,宁波海上丝绸之路研究院助理研究员,主要研究方向:产业经济。

内涵四：参与"17＋1合作"的互联互通能力。立足浙江省连接海外和辐射内陆的区位特点，充分发挥联通全球的港航物流枢纽等优势，打造浙江省参与"17＋1合作"开放通道的重要枢纽。

内涵五：国际商旅文融合交流的重要窗口。深度挖掘浙江省与中东欧国家的文化特质，探索以商贸为载体、以文化为内涵、以旅游为媒介的商旅文深度融合发展模式，把浙江省打造成中国与中东欧国家商旅文融合交流的重要窗口。

二、打造中国与中东欧国家合作中心枢纽的建议举措

（一）系统梳理当前深化"17＋1合作"的制度性、政策性等方面障碍，积极研究和探索构建新的国际跨区域合作制度

一是积极争取国家给予浙江省先行先试"17＋1合作"的相关政策，在投资贸易便利化、税收优惠、金融支持、人才引进等领域大胆改革和尝试，构建与国际规则相衔接的制度体系，实现与中东欧国家商品、资金、技术、服务和人员等方面的自由流动。二是结合浙江自由贸易试验区建设，积极建设中国—中东欧国家经贸合作示范区，使之成为浙江探索国际跨区域合作制度创新和示范先行的典型样本。

（二）统筹浙江全省之力，依托全省资源，加强顶层设计，精准施策，建设"17＋1合作"中心枢纽

一是建立浙江省主管领导牵头的领导小组和"17＋1合作"工作专班，统筹推进浙江省"17＋1合作"的各项工作。二是高标准、高站位谋划浙江省"17＋1合作"中长期发展规划。三是全面梳理、科学分解浙江省"17＋1合作"各阶段的工作重点，明确各部门、相关地级市、各功能区的职责，有条不紊、稳扎稳打、全力推进。

（三）以经贸合作为突破口，把浙江省打造成"17＋1"经贸合作的新高地

一是加快建设"17＋1合作"双向贸易网络体系。支持浙江省企业在中东欧国家建设国际营销公共服务平台，建设中东欧农产品、食品、化妆品等特色进口消费品专业市场，扩大中东欧高品质消费品进口。二是在加快中东欧农

产品准入进程、简化通关手续、缩短通关时间等方面赋予浙江口岸更大的先行先试权;下放中东欧国家商品准入、检测等权限,支持宁波成为中东欧国家特色农产品进口指定监管口岸。三是把浙江省的优势产能同中东欧国家的发展需求、西欧发达国家的关键技术三方面结合起来,开展三方、多方合作,构建"17+1+N"的多方合作开发第三方市场模式。四是充分借助中欧投资协定,推进浙江省和中东欧国家双边投资。

(四)以国际科技创新为引领,打造浙江省数字经济和绿色低碳等新经济发展领域的新引擎

一是搭建"17+1合作"国际科技创新合作平台。鼓励在中东欧国家设立海外研发中心,支持与中东欧企业、机构共建中外合作研究机构或实验室,与中东欧各国高校、科研院所、大科学装置中心等建立常态化交流合作机制,大力引进中东欧科技人才,探索共建"创新沙箱"试验区。探索建立中东欧企业技术合作联盟,构建以东欧合作总部、产业互联网平台为代表的"双螺旋"连接纽带,搭建工业设计、检验检测、质量控制与技术评价、知识产权、国际商事法律等公共服务载体。二是培育面向中东欧国家的"高""精""新""特"产业合作集群。加强与中东欧国家在高端装备、生物医药、通用航空、金融科技、互联网科技、创意设计等领域的技术合作、产能合作、市场合作,支持中东欧企业、机构在浙江设立区域总部、研发中心、设计中心和先进制造基地,促进离岸研发、跨境贸易、跨境云等新业态的产业集聚。鼓励浙江省开发区以"双国双园""姊妹园"等模式,加强与中东欧国家产业园区合作,高起点谋划若干中东欧相关产业融合发展专业园。三是争取尽快设立 eWTP(世界电子商务贸易平台)中东欧合作中心,在中东欧国家设立 eHub(电子集散中心)站点。支持中东欧品牌直播中心建设。四是开展"17+1合作"绿色规划、绿色设计、绿色投资、绿色建设、绿色生产、绿色流通、绿色消费的经济合作。

(五)以强化海港、陆港、空港、信息港"四港联动"为抓手,打造浙江省与"17+1合作"互联互通的重要枢纽

一是强化宁波—舟山港与希腊比雷埃夫斯港等港口的开放合作,加大在港口基础设施、集疏运网络建设、港口业务拓展等方面的合作。二是拓展中欧班列货物回运业务,进一步做大做强集装箱海铁联运业务,打造国际多式联运

物流枢纽。三是逐步增加至中东欧的客货运航线,推动与中东欧国家扩大包括第五航权在内的航权安排,吸引相关国家和地区航空公司开辟经停航线。四是打造集门户网站、数据中心、项目撮合于一体的"17＋1"经贸合作线上综合服务平台,定期发布中东欧贸易指数,合理引导市场预期,有效降低合作风险。

(六)以人文交流为特色,把浙江省打造成"17＋1 合作"商旅文融合交流的重要窗口

一是打造"17＋1 合作"人文交流特色品牌。以索菲亚中国文化中心为样板,进一步拓展中东欧国家的中国文化中心建设。加强与中东欧国家文博机构合作,谋划在浙江省内建立中东欧国家博物馆、文化馆和现代艺术馆等空间载体,提升中东欧文化在中国的知晓度和影响力。引导社会团体、民间组织开展与中东欧的友好交往,在竞技体育赛事、城市形象大使、地方特色餐饮、民间传统文化、影视文化艺术、媒体、智库等领域与中东欧国家积极开展交流合作。二是推进"17＋1"双向优质教育合作。鼓励浙江省高等院校与中东欧院校共建多边教育合作机制,开展合作办学、师生互访、学分互认、艺术交流、高端引智等合作项目,创建一批独具浙江特色的教育合作平台和品牌项目。共建中东欧国家语言文化中心,加快建设中东欧语言翻译中心,打造专业化国别区域研究中心。邀请中东欧知名艺术家、体育教练等开设大师班、专题培训,设立国际体艺大师工作站。积极承办中东欧经贸、文化、教育等高级研修班,为促进与中东欧全方位合作培育国际化人才。三是拓展与中东欧国家的旅游合作。继续深化打造浙江及长三角区域与中东欧合作的旅游品牌,共同培育康复、健身、养生与休闲旅游融合发展的旅游新业态。支持企业在中东欧国家设立旅游合作中心,鼓励各大旅行社谋划推出一批中东欧—浙江"线上＋线下"深度融合的精品旅游线路,开展互为旅游目的地的推广活动。

参考文献

[1] 刘夏,武靖凯."一带一路"框架下中国与中东欧国家实现经贸"精准合作"探讨[J].对外经贸实务,2018(9):85-88.

[2] 徐刚.中国与中东欧国家地方合作:历程、现状与政策建议[J].欧亚经济,2019(3):11-87,126.

［3］王军锋,盛钢,闫国庆,等.中国—中东欧国家合作机制下浙江企业"走出去"的实施路径研究［J］.宁波经济,2021(8):9-11.

［4］李思远,闫国庆,陈飞.完善宁波与中东欧国家港口航空建设路径研究［J］.浙江万里学院学报,2021,34(6):20-26.

［5］杨子力.中东欧国家数字经济发展状况及合作前景［J］.现代营销(经管版),2021(10):167-169.

宁波市"17＋1合作"的对策建议

殷军杰　高　聪

一、新冠肺炎疫情对宁波市"17＋1合作"造成的影响

(一)影响重要合作项目的推进

新冠肺炎疫情使政府及相关行业机构的线下招商、招展工作出现延期。笔者调研采访了多年在塞尔维亚、罗马尼亚、匈牙利等中东欧国家经商的华商会会长和宁波市中东欧国家经贸合作与文化交流促进会秘书处有关成员,新冠肺炎疫情对宁波市和中东欧国家的重大合作项目以及在中东欧国家物流产业的"双国双园""姊妹园"项目产生了一定影响。此外,个别"17＋1合作"国家对于在宁波市工作的人员的安全存在一些顾虑,一些中东欧国家人员不愿到宁波工作和访问交流,影响合作项目推进实施。

(二)影响重点企业经贸合作

笔者在对宁波市有关重点企业的调研访谈中了解到,受新冠肺炎疫情影响,企业复工复产面临人员到岗难、安全防疫难度提升、生产原材料紧缺、物流通道不畅等问题,难度较大,许多订单无法按时完成。而且有些订单就算完成了,国外客户由于担心新冠肺炎疫情传播而拒绝接收我们生产的产品。在此情况下,毁约赔偿还在其次,最严重的是会导致大量中东欧客户的流失,使得此前的商务成本沦为"沉没成本"。

(三)影响中小企业和产业链

笔者分别采访了中国社会科学院欧洲研究所中东欧研究室主任刘作奎研究员和上海大学全球问题研究院江时学教授,他们最担忧的还是参与中东欧国家合作的中小企业状况,认为受影响最大的应该是中小企业。宁波市与中东欧深度合作的很多都是中小企业,由于其本身风险管理和抗压能力较弱,外部融资能力有限,部分中小民营企业将会持续面临生存危机,容易出现资金链断裂和债务违约问题。在风险叠加情形下,甚至可能引发整个产业链外迁的连锁反应。

二、对策建议

(一)精准研判,做好预案

由宁波市商务局牵头,组织相关部门、智库、行业协会、企业等,对新冠肺炎疫情对宁波市"17+1合作"造成的影响进行系统调研、及早分析、精准研判。加快制定应急预案,对重大活动、重要安排、重点项目"一对一""点对点"提出应急对策,尽可能减少影响和损失。

(二)多方联动,加大扶持

建立中东欧企业服务联络员队伍,全身心服务企业,倾力调研一线企业,切实解决困难,鼓舞企业士气。加强各级各部门联动协调,在落实现有政策的基础上,全力协同商务、海关、金融机构等各有关部门在特殊时期对相关企业提供特殊政策,以帮助其渡过难关。补贴重点中东欧商贸商业、商户和楼宇承租户租金,加大金融机构对相关中东欧企业的扶持力度,设立困难企业专项帮扶资金等,精准、切实有效地减轻企业负担。精细、稳妥有序地开展企业复工复产,充分运用数字"17+1"经贸促进中心,搭建企业线上招聘平台和组织线上培训,选择知名人力资源服务机构搭建示范区中东欧企业线上招聘服务平台,帮助企业解决员工不足问题。

(三)打造平台,完善服务

加快打造集门户网站、数据中心、项目撮合、企业综合服务等于一体的"17＋1"经贸合作线上综合服务平台。对标中国—东盟信息港,在平台中引入"政府＋外贸企业＋生产企业＋金融机构＋海关"等模式,完善平台功能,采用"政府＋企业"双运营主体管理模式,帮助和促进相关企业在网上开展工作,同时为中长期"17＋1 合作"提供更好的线上经贸合作平台和服务保障。

(四)化危为机,拓展合作

进一步加快与中东欧国家的国际医疗合作,支持宁波医疗机构与中东欧国家医疗机构在人才和技术上的合作,争取引进若干家中东欧和欧洲地区的医疗机构,引导宁波与中东欧企业加强多学科联合科研攻关,推动中医药及相关技术产品走出去,提升宁波公共卫生服务水平。

积极争取化危为机,积极向上级争取宁波与中东欧国家开展经贸合作的各项政策,加快启动宁波与中东欧国家贸易便利化示范区建设,争取更大范围、更多品种的中东欧商品准入宁波市场,加快推动开通义新欧宁波专列,有效组织中欧班列货源,保障国际物流通道畅通。

参考文献

[1] 刘作奎.大变局下"中国-中东欧国家合作"[J].国际问题研究,2020(2):65-78.

[2] 于洋,韩硕,屈佩.中国与中东欧国家合作提质升级[N].人民日报,2021-07-08.

[3] 农贵新,傅叶挺.疫情背景下宁波与中东欧国家经贸合作重点突破研究[J].宁波经济,2020(9):24-28.

深化"17＋1 合作"，为中国—中东欧国家合作做出示范性贡献的对策建议

殷军杰　　闫国庆

当前，宁波正深入学习领会习近平主席在中国—中东欧国家领导人峰会上的主旨讲话精神，举全市之力完成国家赋予宁波的战略任务。市委书记彭佳学提出，要提高站位、找准定位，服务大局、主动作为，为谱写中国—中东欧国家合作新篇章做出示范性贡献。宁波应从以下几个方面做出"17＋1 合作"的示范性贡献。

一、体制改革创新层面的示范性贡献

一是要系统梳理当前深化"17＋1 合作"的制度性、政策性等方面障碍，在投资贸易便利化、税收优惠、金融支持、人才引进等领域，构建与国际规则相衔接的制度体系，形成新的"17＋1 合作"制度红利。二是要争取在更大范围、更深层次设计和建立宁波与中东欧国家现代化经贸合作的生态、标准、联盟和制度，实现商品、资金、技术、服务和人员等方面的自由流动。三是要积极推动"中国—中东欧国家经贸合作示范区"与浙江自贸区、长三角一体化等重大战略在制度层面的联动改革与创新，使其成为宁波探索国际跨区域合作制度创新和示范先行的典型样本。

二、服务国家主场外交层面的示范性贡献

一是要积极申办"17＋1 合作"领导人峰会。外交部已经明确，"17＋1 合

作"领导人峰会将再次在中国举办,宁波市要紧紧抓住这次机遇,充分做好承接中国—中东欧国家首脑外交的软硬件准备工作。加快建设中东欧国际会议中心和国际会展中心,同时提前做好服务国家多边外交的各项准备,包括对多边外交的议程设置,话语权的引领,双边外交、多边外交和民间外交配合等。二是要进一步丰富展会内容、提升展会影响力,将中国—中东欧博览会暨国际消费品博览会(以下简称中东欧博览会)培育成为经贸活动、政策对接和人文交流等相融并促的国际盛会,打造中国—中东欧国家经贸论坛,使之成为世界级国际贸易投资论坛。

三、经贸合作层面的示范性贡献

一是要加快建设"17＋1合作"双向贸易网络体系。探索组建大型国有控股进出口贸易公司,建设中东欧农产品、食品、化妆品等特色进口消费品专业市场及能源原材料大宗商品交易平台,扩大中东欧高品质的消费品进口,助力我国今后5年从中东欧国家进口累计价值1700亿美元以上的商品。二是要充分借助中欧投资协定完成谈判的东风,把宁波市的优势产能同中东欧国家的发展需求、西欧的关键技术和标准三方面结合起来,开展三方、多方合作,构建"17＋1＋N"的多方合作开发第三方市场模式。

四、科技创新与产业合作层面的示范性贡献

一是要谋划建立"17＋1合作"国际技术转移中心。积极引进、转化中东欧优质科技创新资源,并嵌入宁波市科技创新网络体系中,推动一批技术转移项目在宁波落地转化。二是要培育面向中东欧国家的"高""精""新""特"产业合作集群。加强与中东欧国家在高端装备、生物医药、通用航空、金融科技、互联网科技、创意设计等领域的技术合作、产能合作、市场合作,打造境内外联动、上下游衔接的跨境产业集群。三是要积极培育数字贸易新业态,支持中东欧品牌直播中心和国际直播人才精英库建设,深度赋能产业数字化转型,助力企业利用直播电商等新模式拓展国内外消费市场。

五、通道互联层面的示范性贡献

一是要对标、对表《国家综合立体交通网规划纲要》提出的陆海内外联动、东西双向互济的开放格局，着力形成功能完备、立体互联、陆海空统筹运输网络的要求，进一步强化宁波—舟山港与希腊比雷埃夫斯港等港口的开放合作，加大在港口基础设施、集疏运网络建设、港口业务拓展等方面的合作。二是要继续支持中欧班列等陆上运输通道建设。有效整合长三角区域等的货运资源，拓展货物回运业务，进一步做大做强集装箱海铁联运业务，打造国际多式联运物流枢纽。三是要强化空港与海港、铁路一体化发展的衔接功能和制度安排，拓展航空枢纽作用，争取并逐步增加至中东欧及欧洲其他国家的客货运航线，推动与中东欧国家扩大包括第五航权在内的航权安排，吸引相关国家和地区航空公司开辟经停航线。四是要提升数字"17＋1"经贸促进中心建设，打造集门户网站、数据中心、项目撮合于一体的线上综合服务平台。

六、文旅交流层面的示范性贡献

一是要打造"17＋1合作"人文交流特色品牌。以索菲亚中国文化中心为样板，进一步拓展在中东欧国家的中国文化中心建设。加强与中东欧国家文博机构联动合作，以中心城市综合体为依托，谋划建立中东欧国家博物馆、文化馆和现代艺术馆等空间载体，提升中东欧文化在中国的知晓度和影响力。二是要推进"17＋1合作"双向优质教育合作。鼓励宁波市与中东欧院校共建多边教育合作机制，开展合作办学、师生互访、学分互认、艺术交流、高端引智等合作项目，创建一批独具宁波特色的教育合作平台和品牌项目。三是要拓展与中东欧国家的旅游合作。继续深化打造宁波与中东欧合作的旅游品牌，推进旅游资源营销，培育康复、健身、养生与休闲旅游融合发展的旅游新业态。支持企业在中东欧国家设立旅游合作中心，鼓励各大旅行社谋划推出一批中东欧—宁波"线上＋线下"深度融合的精品旅游线路，开展互为旅游目的地的推广活动。

为实现以上六个示范性贡献,首先,宁波应建立市级主管领导带头的工作领导小组,积极谋划宁波市参与"17＋1合作"的标志性成果和行动计划,形成"17＋1合作"工作专班、专报机制,统筹推进全市"17＋1合作"的各项建设工作。其次,要以数字化改革为引领,对标全球最高经贸规则,结合"放管服"改革实践,全方位构建公开、透明、快捷、更具吸引力的行政体系,大力推进视频会议、网上办公、网络招商等工作模式,通过数字化手段全面提升行政效能。最后,要联合国内外"17＋1合作"智库,培养和打造一支"17＋1合作"专业干部队伍,激发"17＋1合作"工作的创造力、能动性,形成宁波市参与"17＋1合作"担当作为、激励创新的良好氛围。

参考文献

[1] 葛洪磊.宁波—中东欧国际物流通道优化设计[J].产业创新研究,2019(2):22-26.

[2] 宋黎磊.中国—中东欧国家人文交流:合作进程、影响因素与前景[J].当代世界,2020(4):17-21.

[3] 廖佳,赵灿蒙."一带一路"背景下中国—中东欧贸易投资合作问题研究[J].对外经贸,2020(12):40-43.

[4] 张海燕,徐蕾.中国与中东欧国家科技创新合作的潜力与重点领域分析[J].区域经济评论,2021(6):107-114.

新冠肺炎疫情对浙江省"17＋1合作"的影响及应对建议

殷军杰　闫国庆　徐侠民　高　聪　龙力见[*]

新冠肺炎疫情对浙江省主持和参与的"17＋1合作"重大活动以及重要合作项目产生了重大影响。现针对当前中东欧国家对我国应对新冠肺炎疫情的态度和采取的措施,分析疫情对浙江省推进"17＋1合作"的影响,并提出应对建议。

一、对浙江省"17＋1合作"造成的影响

总的来看,大多数中东欧国家对2020年初我国遭遇新冠肺炎疫情的反应都较为友好,对我国的疫情防控工作也采取协同配合的态度。波兰、希腊、罗马尼亚、匈牙利、波黑等国家都在当时对我国表示了关切和慰问,并通过各种方式提供了实质上的援助。与此同时,为应对疫情的发展,中东欧各国也采取了相应客观合理的防控措施。波兰的卫生部、卫生检疫总局等官方机构表态客观公正,机场采取的检疫措施不具歧视性。匈牙利著名汉学家邵莱特利用自身的影响,在多家匈牙利媒体上持续发声,告诉匈牙利民众如何理性地看待疫情。

尽管如此,疫情给浙江省主持和参与的"17＋1合作"重大活动以及重要合作项目等带来了较为严重的影响,进而影响浙江省"一带一路"枢纽建设的总体

---

* 徐侠民,男,宁波海上丝绸之路研究院常务副院长,助理研究员,主要研究方向:"一带一路"建设、中东欧问题。

布局,因此,需要我们提前预期,提早布局,以更好应对可能发生的种种变化。

第一,"17+1合作"框架下的大型活动受到影响。受疫情影响,宁波的部分重要会议延迟甚至取消。中国—中东欧国家博览会的线下招商、招展工作出现延期,工作成效受影响。

第二,给浙江省"17+1合作"重要平台和重要项目的开展带来冲击。受疫情影响,"17+1"经贸合作示范区2.0版工作一定程度上出现滞缓,浙江省和中东欧国家的重大合作项目、在中东欧国家的"双国双园""姊妹园"建设,以及"一带一路"捷克站等项目也受到一定的影响。与此同时,疫情对中东欧国家经贸企业的影响更大,包括企业复工复产面临人员到岗难、安全防疫难度提升、生产原材料紧缺、融资需求剧增、国内租金成本考验等问题。

第三,在"防疫情—恐影响合作"与"促经济—忧疫情扩散"方面陷入"两难"境地。一是对履行与中东欧国家的商务合同及后续合作产生较大影响。企业面临合同履约问题,受疫情影响,中东欧客户退单、砍单问题不可避免,在此情况下,违约赔偿是其次,更重要的是会导致部分中东欧采购商信心下降,开始寻求东南亚地区第三国替代,使得此前的商务成本沦为"沉没成本"。二是个别"17+1合作"国家对于其派驻浙江省的人员安全存在顾虑,导致外贸企业无法及时复工;即使复工及恢复部分产能,也会因无法确定交货期而谨慎接单。

第四,对浙江省与中东欧国家开展合作的中小企业及整个相关产业链造成影响。浙江省与中东欧深度合作的很多是中小企业,由于其本身风险管理和抗压能力较弱,外部融资能力有限,部分中小民营企业持续面临生存危机,容易出现资金链断裂和债务违约问题。在风险叠加情形下,可能引发整个产业链的连锁反应,进而对部分中小企业生存和员工就业造成影响,使浙江省众多与中东欧国家合作的中小企业遭受严重打击。

二、应对建议

(一)及时、精准研判疫情对浙江省"17+1合作"的影响并及早做出预案

建议发改、商务等相关政府部门及时组织浙江省相关智库形成课题组,进行系统调研,及时与国家有关部委沟通了解情况,对重大活动、重要安排、重点

项目"一对一""点对点"做出精准研判和有效预案,提出应急对策,以减少疫情对重大活动和合作项目的影响。

（二）减少和避免欧盟国家采取不友好措施

要充分发挥好中国与中东欧国家良好的传统友好关系优势,发挥积极作用,对冲疫情对浙江省外贸的影响;同时,充分发挥中东欧国家作为中国融入欧盟市场的重要桥头堡和承接带的作用,进一步融入欧盟市场,充分挖掘欧盟特色产业优势,开展重点产业领域的布局、对接与合作。一是发挥双方特色优势,加强与中东欧国家在高端装备、生物医药、通用航空、金融科技、互联网科技等领域的技术合作、产能合作、市场合作,打造境内外联动、上下游衔接的跨境产业集聚带。二是谋划制定支持鼓励中东欧企业、机构在浙江设立区域总部、研发中心、先进制造基地的优惠政策,积极引进国际一流设计组织,大力发展创意设计产业。三是加强与中东欧国家的农业合作,共同发展现代种业、农资、农机、农产品加工等产业。四是支持浙江省企业与包括中东欧国家在内的欧洲医疗机构在人才和技术上的合作,在欧洲地区招引一批综合医疗服务等项目,以此次疫情应对为契机,进一步提升浙江省医疗卫生防疫水平。

（三）加强"17＋1"经贸合作线上综合服务平台建设

进一步加强与中东欧国家在5G、大数据、物联网、云服务、人工智能等领域的交流合作,探索形成信息合作交换共享机制。进一步加大投入,深化数字"17＋1"经贸促进中心建设,打造集门户网站、数据中心、项目撮合、企业综合服务等于一体的"17＋1"经贸合作线上综合服务平台。对标中国—东盟信息港,引入"政府＋外贸企业＋生产企业＋金融机构＋海关＋商检"等模式,进一步完善平台功能,采用"政府＋企业"双运营主体管理模式,帮助和促进相关企业在网上开展工作。

（四）借鉴上海自贸区临港新片区等先进示范区的经验,全方位助力"17＋1合作"各项工作的开展

一是全力协同海关、商检、金融机构以及政府等各相关部门在特殊时期对相关企业提供特殊政策,包括建立中东欧企业服务联络员队伍,精准、切实有效地减轻企业负担,精细、稳妥有序地开展企业复工复产工作。二是加快谋划建设宁波"17＋1"经贸合作示范区2.0版。加快把示范区建成中国—中东欧

国家经贸促进中心、科技创新中心、文化交流中心,成为推动"一带一路"倡议融入欧洲经济圈的新通道、承载"17＋1"经贸合作举措的新平台、地方探索国际合作制度创新的新高地。同时,要对标青岛上合经贸合作示范区等,争取宁波"17＋1"经贸合作示范区成为国家级示范区。三是进一步加快"17＋1合作"重点项目的建设工作。在完善"一带一路"捷克站商贸物流功能的基础上,积极谋划展览会、洽谈会等一系列贸易促进载体,加快建立自主营销网络、公共海外仓等一批境外营销渠道,积极搭建中东欧产品展示馆、进口商品馆等品牌推广平台,充分挖掘浙江省与中东欧国家的贸易空间,促进双方贸易往来。四是进一步加快"17＋1合作"重点园区建设。在中东欧国家和浙江省内打造以国际科技合作为主载体的国别园区平台,围绕实施数字经济"一号工程"和重点传统产业改造提升,布局建设海外创新孵化中心,加强浙江科技大市场国际合作,共建国际技术交易数据库。五要完善浙江企业"走进中东欧"服务体系。鼓励企业赴中东欧投资,收购先进技术和品牌,拓展发展空间,鼓励反哺浙江实体经济发展;为中东欧企业来浙投资提供优质服务,着力吸引一批航空、汽车、机械、化工等高端制造业项目。

(五)进一步转变政府职能,推进一流营商环境建设

一是进一步向国家争取浙江与中东欧国家开展经贸合作的各项政策。包括加快启动中东欧国家贸易便利化示范区建设,争取更大范围、更多品种的中东欧商品进入浙江市场;加快推动开通义新欧宁波等地专列,有效组织中欧班列货源。二是进一步转变政府职能。按照国家治理体系和治理能力现代化的要求,努力推进法律制度、政府治理、社会治理、市场治理、法治保障、涉外法治等方面的现代化,进一步推进与国际接轨的一流营商环境的打造。三是引导企业树立在逆境下化危为机的意识,及时地前瞻性布局重点产业领域,通过在自身技术、产品的延长线上开发出新产品,打造新的增长极;同时,鼓励引导企业下决心削减成本,提高生产率,增强抗风险能力,维护和扩展好国际客户与市场网络,谋求更长远的发展。

参考文献

[1] 李思远.宁波提升中国—中东欧国家经贸合作示范区港口建设水平的路径研究[J].全

国流通经济,2021(29):35-37.

[2] 李群英.后疫情时代高质量共建"一带一路"[J].唯实,2021(6):89-92.

[3] 万喆."17+1合作"为中东欧国家经济复苏注入新动力[J].全球商业经典,2021(5):116-119.

[4] 孙雅琪."17+1合作"机制下中国与中东欧合作研究——以宁波市为例[J].时代金融,2021(1):49-51.

将"17＋1合作"打造成为浙江省对外开放"重要窗口"的对策建议

闫国庆　殷军杰　高聪　龙力见　王盼*

习近平总书记多次强调,要将"17＋1合作"打造成为"一带一路"倡议融入欧洲经济圈的重要承载地。浙江作为我国重点开放省份及国内唯一的中国—中东欧国家级博览会举办地,开展"17＋1合作"将是浙江省具有中国气派和浙江辨识度的重大标志性对外开放成果,是贯彻落实习近平总书记的重要指示精神,是浙江融入国家"一带一路"建设的重要平台,是浙江打造对外开放标志性"重要窗口"的重要抓手,更是浙江将改革开放事业进行到底的使命担当。为此,应采取以下五大战略举措。

一、把"17＋1合作"打造成为浙江省服务国家主场外交的重要平台

改革开放40多年的经验告诉浙江,只有紧紧围绕服务国家战略,秉持"跳出浙江、发展浙江"的理念,把自身发展纳入国家对外开放的总体进程中,才能在每一次重大发展机遇面前都较好地发挥资源的作用,走出一条独具浙江特色的对外开放和发展之路。为此,围绕"17＋1合作",浙江应紧紧围绕服务国家战略需要,努力打造国家主场外交的重要平台。

一是要积极服务国家开放战略,对标中国—东盟博览会等国家级博览会,进一步丰富中国—中东欧国家博览会暨国际消费博览会的内容。浙江要争取

---

*　王盼,男,宁波海上丝绸之路研究院助理研究员,主要研究方向:跨国公司经营与管理。

中央支持,将示范区写入"17＋1 合作"领导人峰会领导讲话、纲要、规划等文件,争取把示范区建设上升为国家战略。同时,要争取高级别"17＋1 合作"重要活动落户浙江,将浙江省打造成为"17＋1 合作"主场外交的重要平台和推进"17＋1 合作"务实举措的重要承接主体。

二是要充分做好中东欧博览会承接中国—中东欧国家首脑外交的软硬件准备工作。包括加快建设中东欧国际会议中心和国际会展中心,提前做好服务国家多边外交的各项准备:大到对多边外交的议程设置,话语权的引领,双边外交、多边外交和民间外交的配合,中到文艺演出、领导人配偶外交,小到宴会菜单制作、建筑场馆的文化要素设计等。

三是要发挥中东欧博览会提升中国经济外交的综合能力。包括将中东欧博览会培育成为进口与出口、引进来和走出去、经贸活动和政策对接等相融并促的国际盛会,打造中国—中东欧国家经贸论坛,使之成为一个世界级国际贸易投资论坛,从而进一步提高中国在全球经贸治理领域的国际话语权。新加坡国立大学东亚研究所原所长郑永年表示:"宁波一定要借中东欧博览会的机会多宣传自己,要有国际视野、中国精神、宁波情怀!"通过"17＋1 合作"多边主场外交,展示举办城市盛大的国际文宣,进一步提升浙江国际影响力与国际形象。

二、把"17＋1 合作"打造成为浙江省高水平对外开放的重要阵地

一是要加快建设"17＋1 合作"双向贸易网络体系。支持企业在中东欧国家建设国际营销公共服务平台。进一步扩大中东欧高品质的消费品进口,更好对接浙江省居民健康、绿色、智能等新兴消费偏好,打通中东欧高质量终端品供给与浙江省日渐崛起的高质量消费市场的循环通道。探索组建省级层面的国有控股进出口贸易公司,建设中东欧农产品、食品、化妆品等特色进口消费品专业市场及能源原材料大宗商品交易平台。探索实施"全球贸易商计划",鼓励中东欧乃至欧洲跨国企业、行业龙头企业以及央企、大型贸易企业在浙江设立贸易总部、分支机构、销售中心。

二是要积极探索发展"17＋1合作"新型贸易模式。扩大与中东欧国家在国际航运物流、现代金融保险、检验检测、绿色建筑等服务贸易领域的合作。鼓励浙江省企业在中东欧国家扩大软件和信息服务、工业设计、工程技术等生产性服务出口。积极培育数字贸易新业态，高标准建设数字贸易港，争取尽快设立 eWTP 中东欧合作中心，在中东欧国家设立 eHub 站点。支持中东欧品牌直播中心和国际直播人才精英库的加快建设，深度赋能产业数字化转型，助力浙江企业利用直播电商等新模式拓展国内外消费市场。

三是要争取创建国家级中国—中东欧贸易便利化试验区。积极向国务院、海关总署争取，提升"17＋1"经贸合作整体平台层次，更好承接重量级改革试点。十二届全国人大财经委员会副主任委员、重庆市原市长黄奇帆表示："要在宁波设立'17＋1合作'贸易便利化试验区，在加快中东欧农产品准入进程、简化通关手续、缩短通关时间等方面赋予宁波口岸更大的先行先试权；同时，下放中东欧国家商品准入、检测等权限，支持宁波成为中东欧国家特色农产品进口指定监管口岸。"要积极探索开通中东欧商品通关"绿色通道"，实施"一次登记""一点对接""即报即放""即查即放""自动对比""便利退货"等多种最新的便利化通关措施。便利中国—中东欧国家博览会暨国际消费品博览会展品进口，允许展览品合理消耗。争取与中东欧国家跨境电商 B2B（企业对企业）试点，简化出口申报程序，同时扩增跨境进口正面清单，扩大"网购保税＋线下自提"试点范围，允许跨境电商商品和保税货物实施状态互转。

三、把"17＋1合作"打造成为引领浙江省高质量产业科技开放的重要载体

围绕"17＋1合作"，上海前滩新兴产业研究院院长、首席研究员何万篷建议，要强化与中东欧国家及欧洲其他国家在技术、资本、项目和人才等方面的合作，搭建科技研发、技术孵化、人才集聚、金融创新等领域"双向双赢"平台，面向中东欧，连接全欧洲，加快集聚国内外一流的创新资源，大力培育具有国际影响力的先进制造业集群，全力打造中国—中东欧双边经贸合作的亮点。

一是要搭建"17＋1合作"国际科技创新合作平台。加快推进海外孵化器、

科技飞地等研发创新中心合作试点,引进转化国外优质创新资源。鼓励在中东欧国家设立海外研发中心,支持与中东欧企业、机构共建中外合作研究机构或实验室,推动一批技术转移项目在浙江落地转化。以重点产业前沿引领性技术、关键共性技术研发与应用为核心,聚焦双向创新创业、技术转移转化等合作领域,与中东欧各国高校、科研院所、大科学装置中心等建立常态化交流合作机制,探索共建"创新沙箱"试验区,全力打造国际创新策源平台。探索建立中东欧企业技术合作联盟,围绕"互联互通、共享共建",构建以中东欧合作总部、产业互联网平台为代表的"双螺旋"连接纽带,搭建工业设计、检验检测、质量控制与技术评价、知识产权、国际商事法律等公共服务载体,探索建立综合保税区,全力打造全球性创新服务支撑平台。

二是要培育面向中东欧国家的"高""精""新""特"产业合作集群。加强与中东欧国家在高端装备、生物医药、通用航空、金融科技、互联网科技、创意设计等领域开展技术合作、产能合作、市场合作,探索"全球供应商"模式,使产业链突破地域限制,打造境内外联动、上下游衔接的跨境产业集群。围绕重点企业,以产业为纽带,支持中东欧企业、机构在浙江设立区域总部、研发中心、设计中心和先进制造基地,推动产业合作领域向深层次拓展。鼓励浙江省开发区以"双国双园""姊妹园"等模式,加强与中东欧国家产业园区在建设管理、信息共享、产业对接、人员交流等方面的合作,以推进中东欧多产业跨界延伸为目标,高起点谋划若干中东欧相关产业融合发展专业园。此外,要特别注重加强国际医疗合作。支持浙江省各级各类医疗卫生机构与包括中东欧国家在内的欧洲医疗卫生机构在人才和技术上的合作,提升服务浙江省各都市圈、长三角区域的医疗能力。积极支持包括中东欧国家在内的欧洲地区的医疗机构来浙江投资建立中外合资合作医疗机构,加强国际医疗保险对接。加快推进医疗器械注册制度试点工作。加快发展临床试验机构,引导浙江与中东欧企业加强科研攻关,推动中医药及相关技术产品走出去。

三是要提升国际金融综合服务能力。采取"基金创投＋孵化"的发展模式,遴选具有应用前景的海内外创新项目,支持其进一步孵化、二次研发。适时设立产业并购基金,鼓励社会资本跟投优质标的。支持外资、国资、民资等各类资本成立混合所有制基金管理有限公司,通过加强"17＋1合作",引导欧盟产业资本投资浙江省创新创业项目及优质产业项目。加快引进各类金融机构,鼓励其开展 IP 质押、品质质押、知识产权质押、融资租赁等业务,探索建设跨境资本服务中心,打造欧盟及中东欧地区产业资本进入中国的注册目的地。优化与中东欧合作发展配套的跨境贸易结算方式,支持金融机构开展人民币跨境业务。进一步推动跨国公司外汇资金集中运营管理,支持银行依法为境外主体提供本外币跨境融资服务,推进基于区块链等技术的大数据可信交易,支持银行为真实合法的贸易结算提供优质融资服务。

四、把"17+1 合作"打造成为浙江省连接全球开放通道的重要枢纽

围绕"17+1 合作",互联互通综合枢纽的打造应更加注重顶层设计和前瞻性考量。

一是要推进"五海六港"合作。2020 年,习近平总书记在浙江考察时指示:"要坚持一流标准,把港口建设好,管理好,努力打造世界一流强港,为国家发展做出更大贡献。"首先,要对标世界一流强港标准,加强中国东海(港口)与欧洲地中海、亚德里亚海、波罗的海以及黑海(港口)等联动互通。二是强化宁波—舟山港与希腊比雷埃夫斯港、斯洛文尼亚科佩尔港、克罗地亚里耶卡港、波兰格但斯克港以及罗马尼亚康斯坦察港等港口的开放合作,进一步加大在港口基础设施、集疏运网络建设、港口业务拓展等方面的合作。此外,要争取宁波—舟山港牵头设立中国—中东欧国家港区产业联盟。

二是要推动陆上运输通道建设。有效组织中欧班列货源,加强与义新欧班列的合作,适时开通目的地为中东欧国家的义新欧浙江各地级市专列。整合长三角区域、中西部地区的货运资源,拓展货物回运业务,进一步做大做强集装箱海铁联运业务,打造国际多式联运物流枢纽。

三是要提升航空运输能力。加快杭州、宁波国家级临空经济示范区建设,强化空港与海港、铁路一体化发展的衔接功能和制度安排,拓展航空枢纽的作用。深化杭州萧山国际机场、宁波栎社国际机场与中东欧国家主要城市机场的合作,争取并逐步增加至中东欧及欧洲其他国家间的客货运航线,推动与中

东欧国家扩大包括第五航权在内的航权安排,吸引相关国家和地区航空公司开辟经停航线。

四是要建设国际信息枢纽。在确保信息安全的基础上,推动增值电信服务、数字金融、互联网等信息服务领域对外开放,加强与中东欧国家在5G、大数据、物联网、云服务、人工智能等领域的交流合作,探索形成信息合作交换共享机制。深化数字"17＋1"经贸促进中心建设,打造集门户网站、数据中心、项目撮合于一体的线上综合服务平台。强化数据监测分析,定期发布中东欧贸易指数,合理引导市场预期,有效降低合作风险。

五、把"17＋1合作"打造成为浙江省全方位、多层次、宽领域国际人文交流的重要纽带

中国—中东欧国家合作事务特别代表霍玉珍2019年在浙江调研探讨"17＋1合作"高质量未来发展的重点时提出:"要进一步推进与中东欧国家在文化、教育、旅游等领域的合作。"为此,浙江要在现有合作的基础上,全方位、多层次、宽领域地打造国际人文合作交流的重要纽带。

一是要打造"17＋1合作"人文交流特色品牌。以索菲亚中国文化中心为样板,进一步拓展在中东欧国家的中国文化中心建设,不断丰富其功能,鼓励开展特色文化产品展示交易。塞尔维亚华人商业联合会会长、中塞文化交流协会会长、宁波特斯拉(塞尔维亚)国家馆馆长郭晓说:"要与中东欧国家文博机构联动合作,以中心城市综合体为依托,谋划建立中东欧国家博物馆、文化馆和现代艺术馆等空间载体,提升中东欧优秀文化在中国的知晓度和影响力。"大力引进演艺、体育等经纪公司等中介机构,支持在浙江举办国际性体育赛事、文艺演出、艺术展览等活动。吸引中东欧国家在宁波设立办事机构。引导社会团体、民间组织开展对外友好交往,培育民间友好交往力量。

二是要推进"17＋1合作"双向优质教育合作。鼓励浙江省与中东欧院校共建多边教育合作机制,开展合作办学、师生互访、学分互认、科研合作、艺术交流、高端引智等合作项目,创建一批独具浙江特色的合作平台和品牌项目。支持两地院校共建中东欧国家语言文化中心,加快建设中东欧语言翻译中心、

打造专业化国别区域研究中心，促进语言互通和民心相通，为宁波市深化与中东欧深度合作提供语言与资政服务，以及智力与人才支撑。深入开展聚焦中东欧国家的国际理解教育，搭建网上"同一课堂"平台，设立国际体艺大师工作站，邀请中东欧知名艺术家、体育教练等开设大师班，进行专题培训。支持两地院校合作在中东欧设立办学机构，积极承办中东欧经贸、文化、教育等高级研修班，为促进与中东欧全方位合作培育国际化人才。提升中国—中东欧教育合作论坛的层次和水平，定期举办、承办高端教育、艺术、科技等学术交流活动。

三是要拓展与中东欧国家的旅游合作。继续深化浙江省各类游中东欧活动，打造浙江与中东欧合作的旅游品牌。培育康复、健身、养生与休闲旅游融合发展的旅游新业态。加快浙江与长三角区域旅游资源整合，联手推进旅游资源营销，支持企业在中东欧国家设立旅游合作中心，鼓励各大旅行社谋划推出一批中东欧—浙江精品旅游线路，开展互为旅游目的地的推广活动。

参考文献

[1] 孙雅琪."17＋1合作"机制下中国与中东欧合作研究——以宁波市为例[J].时代金融，2021(1):49-51.

[2] 杨子力.农业、绿色与数字——"17＋1合作"迎来新机遇[J].中国投资(中英文)，2021(24):18-19.

[3] 韩萌.新形势下中国—中东欧国家贸易合作的政策选择[J].欧亚经济，2020(6):95-107,126.

关于推动中国与中东欧国家数字经济包容性发展的若干建议

殷军杰　闫国庆　高　聪

一、加强顶层战略设计，推进中国与中东欧国家数字标准和规则的有效对接

数字经济作为相对新生的事物，其长期影响具有未知性，因此，需要加强数字经济合作相关领域政策、法规和标准的对接，为中国—中东欧国家深入交流与合作、释放数字经济活力奠定制度基础。一是要推动我国"十四五"数字经济相关发展规划与《数字指南报告》《欧洲数据战略》等欧盟数字发展战略的对接，畅通交流合作渠道，创造更多的利益契合点。二是要积极参与数字经济国际规则的制定。在数字经济全球治理规则制定中加强合作，推动搭建中国—中东欧国家数字经济联合区域治理框架。一方面，要植根于国际秩序和规则，探索适合中国—中东欧国家数字经济发展的规则和机制，不能照搬照抄西方规则，也不能仅仅考虑国内需求。另一方面，要争取规则制定的话语权。通过借助中欧双边投资协定、G20等平台加强数字经济领域的国际协调与合作，发出中国声音，在国际规则制定和政策讨论中，更好维护中国利益的同时，也为广大发展中国家推动数字经济国际规则制定争取更多话语权。三是要尽快制定中国—中东欧国家数字经济相关标准体系。数字经济标准体系是中国—中东欧国家数字经济合作发展的"共同语言"，在标准体系针对的具体范围和涉及的不同领域、标准体系的精细程度和复杂程度、标准体系的执行力方

面进行探索研究,推动中国标准成为国际标准。

二、以数字互联互通建设为重点,深耕中国与中东欧国家在 5G、云计算、数字中心等数字基础设施领域的合作

完善的数字信息基础设施是实现数字化信息互联互通的基础,也是中国—中东欧国家数字经济深度合作的必要条件。一是要大力推进中国与中东欧国家的新型基础设施建设。在加强中国中东欧国家传统基础设施建设合作的同时,积极推进 5G、云计算、大数据、物联网等新型基础设施建设,共同推动中国—中东欧国家智慧城市中心建设,深度参与塞尔维亚、黑山等中东欧国家和欧盟其他国家的智慧城市项目,用我国的技术优势为信息化水平相对较低的中东欧国家提供更高质量的信息产品和技术服务,为电子商务和数字金融延伸和发展创造条件。

二是要降低中国与中东欧国家数字基础设施行业的市场准入门槛。鼓励企业在中东欧国家信息基础设施建设中发挥引领作用,聚焦重点国家和重点领域,可重点加大对塞尔维亚、希腊、匈牙利等国家数字经济发展的援助力度,加大在移动互联网络的速率和稳定性方面的投入,不断提升中东欧国家信息化水平的硬件基础,筑牢数字经济合作根基,为缩小"数字鸿沟"提供强有力的技术支撑。同时,要分享中国数字经济发展的成功经验,共同探索远程合作医疗、合作开发移动支付、远程数字旅游、远程教育等新应用领域,帮助中东欧国家各国提升数字经济发展能力。

三是要探索与中东欧重点国家、重点省(州)市互动,推进百亿以上产业集群、产业大脑应用和工业互联网平台全覆盖,共同打造工业互联网产业发展生态。同时,推动开展 5G、人工智能、区块链、AR(增强现实)/VR(虚拟现实)等新技术和工业控制、工业故障诊断、工业设备维护等方面的联合研发和应用,共同为中国与中东欧国家重点国家、重点省(州)市的新智造创新赋能。

三、以数字贸易为引领，进一步拓展中国与中东欧国家数字经济合作的深度和广度

基于中国与中东欧国家的市场需求鼓励数字经济新业态、新模式的创新发展，双方数字经济与各行各业各领域的深度融合与互动进一步加快。一是要高标准建设中国—中东欧数字贸易综合平台。启动设立eWTP中东欧合作中心，推动eWTP比利时列日站向中东欧国家延伸，与中东欧国家在数字贸易领域开展标准合作。在浙江省宁波市培育"常年馆＋"品牌，建设中东欧数字贸易常年馆，支持企业在中东欧国家设立海外仓，建设跨境电商综合服务平台。联合中东欧国家开展"智慧海关、智能边境、智享联通"合作试点，完善中东欧商品进口查验绿色通道。二是要积极谋划面向中东欧国家的国际贸易数字化示范区。以数字化改革为引领，推动数字政府应用场景在中东欧国家的建设，提升服务效能，加强中国与中东欧国家间数字经济治理合作，推动双向贸易、投资、人员交流等便利化，支持探索数字人民币等面向中东欧国家数字贸易的新场景、新业态、新模式，构建中国—中东欧国家网络空间命运共同体。三是要以数字贸易龙头企业带动数字经济的深度合作。数字贸易龙头企业对于形成有利于我国的国际竞争游戏规则、推进与中东欧国家数字经济合作向纵深发展具有重要意义。针对当前中国和中东欧国家都尚未形成具有全球竞争力的数字贸易龙头企业群，要加大培育信息服务、科技服务，聚焦工业软件设计、云存储、数据信息服务等领域，打造一批有龙头效应的数字贸易企业群。

四、以合作模式创新为突破口，进一步探索中国与中东欧国家数字经济合作的内容和形式

中国与中东欧国家的数字经济合作不应只限于电子商务、数字支付、共享经济等传统领域，还应该鼓励和支持数字经济在内容与模式上的创新变革发展。

一是要积极推进数字经济龙头企业在中东欧国家"本土化"的进程。如支

付宝与捷克、匈牙利、斯洛文尼亚、波兰等国家的本地伙伴进行合作,成功地打造出多个本土化"支付宝",为支付行业的跨境发展提供了良好范例。再如短视频 App "Tik Tok"("抖音"国际版)在海外市场上多次成为下载量最高的手机应用。政府部门应在数字经济企业"走出去"方面给予必要的支持,帮助其在陌生的环境中开拓市场,加快区域价值链的分工合作。跨国企业自身也应结合数字经济的新兴技术成果和市场需求变化推动数字经营活动的创新变革,拓展数字经济合作的宽度和深度,利用网络外部效应实现收益的不断增长。二是要积极推动数字政务、平台经济、数据交易等领域的合作。通过推动产业数字化和数字产业化的融合发展,采用跨国经营、股权投资、技术合作等多种方法创新数字经济合作的内容与形式。三是要加强中国与中东欧国家对传统产业的数字化改造。从传统工业强调"链控制"到数字经济发展的"圈合作"思维,以打造"数字技术＋平台企业＋数字化产业链"汇聚的生态圈为重要抓手,以数字链推动产业链和价值链的延伸。同时,充分利用数字技术对传统生产组织方法进行转型升级,提升生产效率和产品质量,助力更多产业融入中国—中东欧国家数字经济合作。

五、以数字人才培养与交流为纽带,进一步增强中国与中东欧国家数字经济的合作动能

数字人才是数字技术创新的基础,是中国与中东欧国家开展数字经济合作的关键驱动力。一是要构建数字人才知识能力体系,探索适应中国与中东欧国家数字经济合作的人才培养模式。针对当前数字技术在双方合作中的应用现状,分析和研究数字人才的知识和能力体系。从政府、高校、科研机构、企业多个层面着手,探索基于双方数字经济发展的人才培养方式和途径。如网龙网络公司与北京师范大学、塞尔维亚诺维萨德大学在"中国—中东欧国家高校联合会第五次会议"上正式启动"教育信息化合作伙伴项目",建立"未来教育联合虚拟实验室",围绕"教师培训、教育资源、基于 ICT(信息通信技术)的创新教学模型、ICT 基础设施建设、政策分析和规划"等五大领域展开全方位的校企合作。二是要把握全球人才竞争新态势,大力拓展中东欧国家人才引

进新路径。参照国际惯例,世界顶尖级科技人才、关键领域急需的特殊人才适当采用行政手段引进,其他类型的国际人才经由市场配置,完全遵循市场规律。如德国、加拿大等国实施优惠移民政策,包括实施高技能 ICT 人才的特别签证等吸引人才。同时,还要大力探索新冠肺炎疫情和逆全球化双重冲击下全球引才新路径,包括但不限于强化源头引进,着重引进国际顶尖大学资源;破除人才流动的"中梗阻";率先创设"求职签证",就地引进优秀的中东欧国家理工科博士、博士后;对标国际与市场规则。开辟后疫情时期高端人才绿色通道,推出高端人才引进计划加强版,进一步推动对外国职业资格和工作经验的双边互认,积极探索建立中东欧籍人才服务保障体系试点,形成"统一领导、多方联动"的社会融入促进系统。三是要进一步加强中国与中东欧国家普通民众数字技能、教育和培训,提升数字素养。包括加强数字技能、职业技能培训,重点开展人工智能、大数据、云计算等数字技能培训,大力推行线上线下相结合的培训方式。探索中国—中东欧国家数字化技能培训新模式,促进互联网技术与职业技能培训深度融合,发挥龙头企业和培训机构的作用,如阿里巴巴旗下跨境零售电商平台速卖通,已走进了拉脱维亚、立陶宛、波兰、捷克等中东欧国家,成为当地主要电商平台之一,并将国内成熟的直播带货模式引入,在当地实施"互联网＋职业技能培训"模式,带动了当地社交电商生态发展。

参考文献

[1] 庄怡蓝,王义栀.发展"一带一路"数字经济的初步思考[J].大陆桥视野,2018(5):61-63.

[2] 杨路明,刘纪宏."一带一路"背景下中东欧国家数字经济发展研究[J].学术探索,2020(9):95-102.

[3] 黄海涛,陈茂哲."17＋1 合作"的动力与路径研究[J].中国国情国力,2020(8):56-59.

[4] 李波,陈康令.推动数字"一带一路"发展形成新模式[J].世界知识,2020(5):64-65.

[5] 孔田平.中东欧国家数字经济的现状与前景[J].欧亚经济,2020(1):1-20,125.

经

贸

篇

"一带一路"背景下宁波与中东欧国家贸易的潜力、效率及趋势预测

——基于大数据分析与挖掘技术的研究

殷军杰　龙力见　高聪　李思远　陈飞[*]

一、引言

　　面对当前复苏乏力的全球经济形势以及日益复杂的世界政治格局,特别是面对新冠肺炎疫情的全球蔓延,加强国际合作成为推动世界和平发展以及中国对外贸易发展的关键动力。习近平总书记多次强调,要将"17+1合作"打造成为"一带一路"倡议融入欧洲经济圈的重要承载地。宁波作为全国唯一的中国—中东欧经贸合作示范区和唯一的中东欧博览会举办地,在中东欧贸易便利化方面走在全国前列,是中国与中东欧经贸合作的"窗口城市"。有关国家、省、市与中东欧国家的双边贸易发展问题,已有许多学者开展了研究。侯敏、邓琳琳选取了中国与22个国家2007年到2014年的面板数据,通过运用随机前沿引力模型进行分析,得出中国与中东欧各国的贸易效率在0.3—0.5之间波动。燕春蓉、贺书锋通过使用随机前沿引力模型对129个国家的7年数据进行实证分析后,发现中国对中东欧国家的进出口贸易效率相对较低,对非"一带一路"国家的进出口贸易效率较高。匡增杰、高军通过构建结构引力模型来分析中国与中东欧国家的贸易潜力,发现GDP、语言、自贸协定等对双

---

　　* 李思远,男,浙江万里学院物流与电子商务学院研究生,主要研究方向:全球采购与供应链管理。陈飞,男,浙江万里学院物流与电子商务学院研究生,主要研究方向:全球采购与供应链管理。

边贸易有积极作用。姚鸟儿针对浙江与中东欧各国的贸易现状对其进行了分析,结果表明经济规模和人口增长是双边贸易发展的主要驱动因素,且浙江与大多数中东欧国家的贸易属于潜力增长型。同时,姚鸟儿还选取了2010年宁波与中东欧国家的贸易数据,进而基于随机前沿引力模型得到贸易潜力与效率值,结果表明贸易非效率因素是造成双边实际贸易差异的关键因素。傅莹莹、章懿婷、姚鸟儿等建立了引力模型,研究了2012—2017年宁波与中东欧农产品贸易的情况,结果表明 GDP 、人口数量等对其有明显影响。

二、模型介绍

(一)模型构建

计算两国间的贸易效率及潜力,常用的方法是使用引力模型。由于其在计算过程中存在一定的误差,因此学者对其进行了改进。现从传统的基准引力模型中引出改进后的模型:

$$T_{ij} = A \times (Y_i Y_j) / D_{ij} \tag{1}$$

式(1)中,T_{ij} 为两国贸易流量,A 为常数项,$Y_i Y_j$ 表示 i 国和 j 国各自的经济规模,D_{ij} 表示两国之间的距离,一般以两国首都的直线距离表示。对传统引力模型进行一定的扩展,引入解释变量(例如:双方的经济规模、双方直线距离、欧盟虚拟变量、WTO 虚拟变量、"17+1 合作"机制虚拟变量),从而构建贸易、投资引力模型。采用基准模型的对数形式,可以有效避免数据的误差,遏止数据方差的非正态分布和异方差性现象,最终的扩展贸易引力模型设定为:

$$\mathrm{Ln}\ T_{ij} = \alpha_0 + \alpha_1 \mathrm{Ln}(\mathrm{GDP}_i * \mathrm{GDP}_j) + \alpha_2 \mathrm{In}(\mid \mathrm{AGDP}_i - \mathrm{AGP}_j \mid) + \alpha_3 \mathrm{Ln}$$
$$(P_i * P_j) + \alpha_4 \mathrm{LnAGNI}_{ij} + \alpha_5 \mathrm{ln}D_{ij} + \alpha_6 EU_j + \alpha M_{ij} + \alpha_8 \mathrm{WTO}_{ij} + \varepsilon \tag{2}$$

传统的引力模型只能考虑地理距离等少数客观阻力因素,而将其他因素笼统地放在了干扰项中,导致模型估计结果存在较大偏差。基于这一现象,随机前沿的分析方法被引入到引力模型中。

按照随机前沿方法,面板数据实际表示为:

$$T_{ijt} = f(x_{ijt}, \alpha) \exp(v_{ijt} - u_{ijt}), \quad u_{ijt} \geqq 0 \tag{3}$$

$$\mathrm{Ln}T_{ijt} = \ln f(x_{ijt}, \alpha) + v_{ijt} - u_{ijt}, \quad u_{ijt} \geqq 0 \tag{4}$$

其中，T_{ijt} 为 t 时间段 i 国对 j 国实际的贸易水平；x_{ijt} 表示随机前沿引力模型中双方经济规模、人口等核心要素；α 是需要估计的参数向量；v_{ijt} 表示随机要素；u_{ijt} 为贸易非效率因素。

基于上述模型，进而得出了随机前沿引力模型，回归方程如下：

$$\mathrm{Ln}\, T_{ij} = \alpha_0 + \alpha_1 \mathrm{Ln}(\mathrm{GDP}_i * \mathrm{GDP}_j) + \alpha_2 \ln(\mid \mathrm{AGDP}_i - \mathrm{AGP}_j \mid) + \alpha_3 \mathrm{Ln}(P_i *$$
$$P_j) + \alpha_4 \mathrm{LnAGNI}_{ij} + \alpha_5 \mathrm{Ln}D_{ij} + v_{ijt} - (\beta_0 + \beta EU_j + \beta_2 M_{ij} + \beta \mathrm{WTO}_{ij}) + \varepsilon_{ij} \tag{5}$$

经济规模 GDP_i 和 GDP_j 分别用 i 国和 j 国 GDP 表示，表征 i 国和 j 国供给和需求能力。虚拟变量 M_{ij} 抽象地表示为在"17＋1 合作"框架下，两国间发布并施行的相关促进政策、举措的贸易效应。

(二)模型变量说明与数据来源

在构建随机前沿引力模型时选取的主要变量为 GDP、人口总量、两地之间的航空距离以及两地 GDP 差的绝对值；同时使用中东欧国家是否加入欧盟、是否加入"17＋1 合作"机制、是否加入 WTO 等虚拟变量检测宁波与中东欧国家贸易的非效率程度(见表1)。

表 1　随机前沿引力模型变量

变量类型	变量	变量说明	预期符号	理论分析
因变量	T_{ij}	宁波与中东欧国家双边贸易总额		
	GDP_i	i 国的 GDP 总值	＋	宁波经济总值越大，表示其经济繁荣度越高，市场供求越大
	GDP_j	j 国 GDP 总值	＋	中东欧国家经济总值越大，经济繁荣度越高，市场供求越大
自变量	P_i	i 国的人口总量	＋	宁波人口越多，消费市场越大
	P_j	j 国的人口总量	＋	中东欧各国人口越多，消费市场越大

变量类型	变量	变量说明	预期符号	理论分析
虚拟控制变量	$AGNI_{ij}$	宁波与中东欧国家人均GDP之差的绝对值	—	人均收入水平越相似,双边贸易总额越大
	D_{ij}	宁波与中东欧国家之间的地理距离	—	双方地理距离越远,运输成本相对越高,对贸易的阻碍作用越大
	EU_j	中东欧国家是否加入欧盟	—	加入欧盟之后,需遵守与欧盟之间的贸易契约,会阻碍中东欧国家对非欧盟成员的贸易
	M_j	中东欧各国是否加入17+1合作机制	—	17+1合作机制有贸易优惠,利于宁波与中东欧国家贸易扩大
	WTO_j	中东欧国家是否加入WTO	+	加入WTO,优惠贸易协定下,贸易自由化程度较高,国家间相互削减贸易壁垒,促进贸易

以上数据主要来源于宁波海上丝绸之路研究院自建的中国—中东欧国家经贸合作数据库。通过筛选整理近年宁波与中东欧国家贸易的相关数据,进行标准化处理。所选数据包括但不限于由宁波海上丝绸之路研究院自建的中国—中东欧国家经贸合作数据库。

三、宁波与中东欧国家的贸易效率与潜力分析

在模型构建完成后,运用 Frontire4.1 软件进行测算,测算出宁波与中东欧国家之间的贸易效率,进而通过计算得出其潜力结果。

(一)贸易效率分析

贸易效率程度的取值范围介于 0 和 1 之间,值越趋近于 1,说明两地贸易效率损失越小,贸易提升空间较小;取值越趋近于 0,说明两地贸易效率损失越多,贸易提升空间较大(见表 2)。

表 2　宁波与中东欧各国的贸易效率

国家	贸易效率	国家	贸易效率
阿尔巴尼亚	0.134	立陶宛	0.360
爱沙尼亚	0.379	罗马尼亚	0.505
保加利亚	0.415	北马其顿	0.703
波黑	10.59	塞尔维亚	0.326
波兰	0.960	斯洛伐克	0.523
黑山	0.289	斯洛文尼亚	0.804
捷克	0.651	匈牙利	0.681
克罗地亚	0.327	希腊	0.773
拉脱维亚	0.427		

(二)贸易潜力分析

根据公式 $TE_{ijt} = T_{ijt}/T_{ijt}^*$ 可以计算出现有贸易规模下所能达到的最优出口贸易潜力值,贸易拓展空间=(贸易潜力值/实际贸易值-1)×100%。根据帅传敏、胡静的研究,将宁波与中东欧国家之间的贸易潜力划分为三类:当贸易拓展空间>100% 时,两国的贸易关系属于贸易潜力巨大型。当100%≥贸易拓展空间≥30%时,两国的贸易关系属于贸易潜力成长型;当贸易拓展空间<30%时,两国的贸易关系属于贸易潜力成熟型。根据上文的参数进行测算,宁波与中东欧各国的贸易潜力如表3所示。

表 3　2019 年宁波与中东欧国家贸易潜力

国家	效率	实际值/万元	潜力值/万元	扩展空间	贸易类型
阿尔巴尼亚	0.134	15476	115492.54	6.46	贸易潜力巨大型
爱沙尼亚	0.379	58821	155200.53	1.64	贸易潜力巨大型
保加利亚	0.415	77994	187937.35	1.41	贸易潜力巨大型
波黑	0.159	9396	59094.34	5.29	贸易潜力巨大型
波兰	0.960	1107177	1153309.38	0.04	贸易潜力成熟型
黑山	0.289	2620	9065.74	2.46	贸易潜力巨大型

国家	效率	实际值/万元	潜力值/万元	扩展空间	贸易类型
捷克	0.651	260104	399545.31	0.54	贸易潜力成长型
克罗地亚	0.327	65798	201217.13	2.06	贸易潜力巨大型
拉脱维亚	0.427	68484	160384.07	1.34	贸易潜力巨大型
立陶宛	0.360	158846	441238.89	1.78	贸易潜力巨大型
罗马尼亚	0.505	211414	418641.58	0.98	贸易潜力成长型
北马其顿	0.703	4540	6458.04	0.42	贸易潜力成长型
塞尔维亚	0.326	41133	126174.85	2.07	贸易潜力巨大型
斯洛伐克	0.523	91156	174294.46	0.91	贸易潜力成长型
斯洛文尼亚	0.804	249926	310853.23	0.24	贸易潜力成熟型
匈牙利	0.681	190727	280069.02	0.47	贸易潜力成长型
希腊	0.773	234213	302992.24	0.29	贸易潜力成熟型

由 2019 年宁波与中东欧国家贸易潜力可知阿尔巴尼亚、爱沙尼亚、保加利亚、波黑、黑山、克罗地亚、拉脱维亚、立陶宛和塞尔维亚的贸易潜力巨大。因此,未来宁波可与这些国家加强贸易合作。对于贸易成熟型国家,宁波应与其继续保持合作,积极寻求新的贸易合作点。针对贸易成长型国家,宁波应根据各国实际情况分析未来合作的方向与机会,组织专业人士进行访问洽谈,落实合作意向。

四、结论与建议

(一)结 论

一是自"一带一路"倡议提出以来,宁波与中东欧国家的贸易额持续扩大,给宁波以及整个浙江省的经济都带来了重要影响。从本文可以得知,宁波与中东欧各国的贸易合作还有较大的提升空间,需针对贸易潜力巨大的国家积极展开贸易活动。

二是本文在分析宁波与中东欧各国的贸易效率及潜力后不难发现,宁波与中东欧国家贸易效率参差不齐且普遍较低。从双边贸易潜力角度看,宁波与大多数中东欧国家属于贸易潜力巨大型。因此,宁波应积极打破贸易壁垒,持续寻求与中东欧各国的优势产业合作,提高与中东欧各国的贸易潜力。

(二)建议

一是探索发展新型贸易合作,发挥跨境电商的先行作用。积极培育数字贸易新业态,高标准建设宁波阿里巴巴数字贸易港,争取在宁波设立 eWPT 中东欧合作中心,在中东欧国家设立 eHub 站点。同时,要进一步发挥宁波跨境电商的优势,加快发展中东欧商品跨境电商贸易平台。

二是开展高新技术合作,加强产业园区联通。加强与中东欧国家在高端装备、生物医药、通用航空、金融科技、互联网科技、创意设计等领域的技术合作、产能合作、市场合作,探索“全球供应商”模式,打造境内外联动、上下游衔接的跨境产业集群。加快北欧工业园、欧洲工业园等的建设,探索招商共享机制,建成国别特色鲜明的创新创业活力区。支持宁波优势产业在中东欧国家开展投资合作。

三是推进互联互通建设,优化物流政策体系。按照习近平主席在希腊参观比雷埃夫斯港项目时的指示精神,要强化宁波—舟山港与希腊比雷埃夫斯港、斯洛文尼亚科佩尔港、克罗地亚里耶卡港、波兰格但斯克港以及罗马尼亚康斯坦察港等港口的开放合作,进一步加大在港口基础设施、集疏运网络建设、港口业务拓展等方面的合作,争取宁波—舟山港牵头建立中国—中东欧国家港区产业联盟。

参考文献

[1]侯敏,邓琳琳.中国与中东欧国家贸易效率及潜力研究——基于随机前沿引力模型的分析[J].上海经济研究,2017(7):105-116.

[2]燕春蓉,贺书锋.“一带一路”倡议下中国与中东欧的贸易潜力研究——基于随机前沿引力模型[J].江苏商论,2019(10):35-41.

[3]匡增杰,高军.“一带一路”倡议下中国与中东欧国家贸易潜力研究[J].统计与决策,2019,35(13):122-124.

［4］姚鸟儿.浙江与中东欧双边贸易效率及潜力研究——基于随机前沿引力模型估计［J］.华东经济管理,2018,32(10):14-21.

［5］傅莹莹,章懿婷,姚鸟儿,等.宁波与中东欧农产品贸易实证研究［J］.农村经济与科技,2019,30(9):139-141.

［6］高聪,殷军杰,龙力见,等."一带一路"背景下创新发展进口贸易的路径——基于宁波打造中东欧国家商品进口首选地的研究［J］.科技经济导刊,2020,28(2):14-15.

［7］殷军杰,高聪,龙力见,等.高质量推进宁波17＋1经贸合作示范区建设［J］.浙江经济,2019(19):52-54.

高质量推进宁波"17＋1"经贸合作示范区建设

殷军杰　高　聪　龙力见

在第九次中央全面深化改革委员会会议上,中央明确定调支持深圳建设中国特色社会主义先行示范区和青岛建设中国—上海合作组织地方经贸合作示范区(以下简称上合示范区)并上升为国家战略。这为同样具有相关国际区域性多边地方经贸合作的示范区——宁波"17＋1"经贸合作示范区建设提供了新的历史性机遇。

在新的历史条件下,宁波如何更高起点、更高层次、更高目标推进"17＋1"经贸合作示范区建设,成为"17＋1 合作"机制框架内经贸合作举措落实的新平台和全国地方对中东欧合作的新窗口,形成全方位、多层次、宽领域的全面对外开放新格局,是下一步宁波打造示范区 2.0 版本的目标和方向。在此背景下,对标国家级的青岛上合示范区等,宁波"17＋1"经贸合作示范区在以下三个方面亟须突破。

一、进一步聚焦发力,规划核心平台载体

中国—上海合作组织地方经贸合作示范区核心区的规划范围在青岛胶州经济技术开发区内,并对标雄安新区、深圳前海等,高起点、高标准打造上海合作组织成员国面向亚太市场的"出海口",建成与上合组织成员国相关地区间双向投资贸易制度创新的试验区、企业创业兴业的集聚区、"一带一路"地方经贸合作的先行区,成为新时代对外开放的新高地。南宁中国—东盟国际商务区作为中国面向东盟的国际窗口和中国与东盟各国开展经贸合作、人文交流等领域的重要平台载体,在首届中国—东盟博览会后启动规划建设,已成为具

有商务区功能并承载商业服务、文化交流、娱乐休闲职能,兼具东盟各国特色,为东盟各国和其他国家、地区政府、商务机构提供商务、办公和生活服务的综合园区。成都中国—欧洲中心作为成都高新区内最具现代化的地标性建筑,集成了欧洲商品贸易展示交易中心、中欧技术交易中心、欧洲中小企业(双创)孵化中心、欧洲企业总部基地中心、欧洲国家经济发展促进机构办事中心和一站式综合服务平台6大功能区,以及剧院、国家艺术展览、欧洽会永久会场、中欧企业家联合会、国际酒店等综合配套服务区,已成为中国西部地区对欧贸易、投资和技术合作的重要平台。

相比国内其他省市的国际区域性多边地方经贸合作示范区,宁波"17+1"经贸合作示范区建设已取得一定进展,建成了以"两园两馆两中心"为主的合作载体,包括中东欧工业园(中捷产业园)、中东欧贸易物流园、中东欧特色商品常年馆、中东欧会务馆、数字"17+1"经贸促进中心、中东欧青年创业创新中心,形成了宁波与中东欧国家全面合作的新局面。2019年,中国社会科学院"17+1"智库网络首次发布了地方政府参与"17+1合作"绩效评估指数及城市排名,宁波在综合绩效方面排名第一,已然成为全国"17+1合作"不可复制的标杆性示范区。

然而,对标上合示范区的核心区块规划、南宁中国—东盟国际商务区、成都中国—欧洲中心等,遍地开花的宁波"17+1"经贸合作示范区缺乏核心区块的支持,稍显"分散而乏力"。针对宁波的实际情况,建议规划核心区块和创新平台。

规划"17+1"经贸合作核心商务集聚区。在原先"分散"的基础上进行整合。"分散"的示范区功能区块分布似乎已成定局,但是经过调整、聚力,高标准、高起点、科学合理规划宁波"17+1"经贸合作示范区的核心区有利于打造示范区国际一流营商环境,有利于发挥创新创业企业、人才、科研机构等创新要素的集聚效应,有利于促进高质量经贸合作与人文交流。建议在以"两园两馆两中心"为主的合作载体基础上,结合宁波市新国际会展中心规划,在东钱湖区块重点打造集聚中东欧博览会、国际高端会晤会议论坛、中东欧国家会务馆等的核心区块;在江北区启动规划集聚商务区功能并兼具中东欧各国特色,为中东欧各国政府代表处(具备使领馆功能)、商务机构、中东欧跨国公司地区总部、中小企业、贸易投资促进机构等提供商务、办公、经贸促进等服务的园区，学习借鉴上海老外滩，在江北老外滩立体式规划承载商业服务、文化交流、娱乐休闲的中东欧风情特色街。

规划"17＋1"经贸合作核心产业集聚区。首先，要对标上合示范区。上合示范区有上合服务中心、上合国际创业孵化基地和上合国贸大厦等专门用于与相关国家经贸合作的商务楼宇核心区块。宁波应在前湾新区和杭州湾产城融合发展未来之城的基础上，高起点、高标准规划建设集聚中东欧元素载体的"17＋1"经贸合作示范区核心区块，打造中国（宁波）中东欧国家经贸合作中心。规划建设集聚一批对中东欧国家有贸易实绩的企业，中东欧国家工商会、商会、各国政府代表处（具备使领馆功能）等服务机构，并考虑纳入中东欧特色商品常年馆，进一步丰富常年展示商品的种类，开展线上线下交易，形成企业办公、经贸服务、商品展示展览、场景体验、品鉴发布、交易等一站式服务的商务楼宇。其次，要充分发挥宁波跨境电商的优势，加快发展中东欧商品跨境电商贸易平台。在原有知名跨境平台的基础上，进一步拓展跨境电商平台，同时也鼓励有条件的企业建立跨境电商配套平台，集聚一批跨境电商贸易企业。最后，还要进一步拓展延伸由宁波市商务局主导的数字"17＋1"经贸促进中心的经贸促进功能，建议采用"政府＋企业双运营主体"运维整个经贸促进中心，政府负责信息咨询、网络安全公共服务等，运维企业运营经贸促进板块。

规划建设示范区科技创新集聚平台载体。上合示范区内规划建设有上合科技交流中心等示范区总部经济和科技创新载体。因此，首先，对标上合示范区，宁波"17＋1"经贸合作示范区应更具备优势条件，中东欧国家的科技水平较高，宁波的制造业基础好，工业门类也相当齐全，双方科技对接与合作的可能性较大。因此，规划建设示范区科技创新平台载体显得尤为迫切。其次，要进一步加强与中东欧国家在科技研发、创新等领域的合作，鼓励企业与中东欧国家企业和科研机构开展新材料、汽车工业等领域的合作，推进科技成果转化，提升双方科技孵化、技术研发、工业设计、工艺管理、检验检测的能力。此外，可以通过科技创新载体，出台示范区科技创新专项鼓励政策，吸引企业、科研机构、科研团队和个人设立技术研发中心、工业设计中心和孵化器。

二、进一步聚焦政策突破，打造"政策高地"

宁波建设"17＋1"经贸合作示范区2.0版应全面系统梳理目前与中东欧国家扩大经贸合作的制度性、政策性障碍，争取国家、省级层面给予相关政策并先行先试，尤其是在投资贸易便利化、税收优惠、金融支持、人才引进等政策上进行突破，更大范围、更深层次地促进商品、资金、技术、人员的自由流动，为示范区建设提供强劲动力和广阔空间，成为国际区域性多边地方经贸合作示范区的"政策高地"（见表1）。

表1　宁波向国家和省级层面争取的政策（活动）

序号	政策或活动内容
1	设立中国国际进口博览会中东欧国家分会
2	中东欧部分商品进口准入试点
3	离区免税政策（在离区范围定点设置中东欧商品体验店/旗舰店
4	进一步简化"走出去"备案流程，探索发改、商务"双委办局审批"制改为"商务局审批＋发改委备案"制
5	中东欧国家开发性金融和政策性金融支持
6	资本金意愿结汇改革，个人境外直接投资，开设自由贸易账户，国际贸易结算中心试点
7	实施跨境贸易人民币结算试点
8	设立中东欧国家企业信用评级机构
9	赴中东欧国家旅游免签或落地签试点，设立商务签证审批机构
10	大型国际体育赛事举办权（面向中东欧国家的篮球、足球等赛事）
11	获得中东欧国家高水平职业学校办学权限
12	中国海事仲裁委员会在宁波设立分会
13	设立"17＋1合作"秘书处宁波办事处
14	设立中国—中东欧国家合作秘书处宁波办事处
15	设立中东欧国家城市联盟秘书处

三、进一步聚焦体制机制创新，构建高效管理运行机制

体制机制创新应成为宁波"17＋1"经贸合作示范区建设的核心内容。上合示范区管委会已制定《中国—上海合作组织地方经贸合作示范区管理运行机制创新工作方案》《功能区职员制改革方案》，实施"管委会＋公司制"管理模式，扁平化分级负责，因此，宁波"17＋1"经贸合作示范区建设应加快构建高效管理运行机制，实现公司制园区运营主体等重要制度创新，进一步推进相关经济活动自由化、中东欧贸易便利化的制度创新和构建一流国际营商环境等，为建设高质量发展的示范区提供全方位支撑。

一是要构建示范区"管委会＋运营企业"双主体管理模式。管委会要把构建服务型政府作为示范区管理机制改革的方向和目标，负责示范区的日常管理、政策争取等工作；运营企业负责示范区内土地一级开发整理、招商引资、投融资改革等工作。

二是要建立完善的涉外法律服务体系，成立示范区法律服务委员会，制定法律风险处置方案，完善宁波境外经贸纠纷和突发事件处置工作机制，强化示范区的法律支持。

三是要打造示范区的金融服务中心，构建全方位金融支持体系，提供良好的投融资环境。充分发挥政策性金融体系的优势，与相关银行等金融机构合作成立"17＋1"经贸合作基金和中东欧国家投资专项基金，重点支持中小民营企业对中东欧国家的投资，完善金融支持。同时，还要推进金融创新，探索运用股权、境外资产等抵（质）押进行融资；灵活运用中小企业板上市、海外上市、借壳上市等多种渠道，引导和鼓励企业通过资本市场直接融资。

参考文献

［1］冀春贤，王凤山.进一步深化宁波与中东欧国家的经贸合作［J］.宁波经济，2016(6)：9-12.

［2］姚鸟儿.宁波与中东欧经贸合作新举措［J］.经贸实践，2017(16)：59-60.

［3］龙力见，殷军杰，高聪.高质量打造面向中东欧国家的经贸合作平台——数字"17＋1"经贸促进中心建设的实践与探索［J］.全国流通经济，2020(30)：33-35.

高质量打造面向中东欧国家的经贸合作平台

——数字"17＋1"经贸促进中心信息平台建设的实践与探索

龙力见　　殷军杰　　高聪

一、引 言

近年来,中国与中东欧国家双边贸易及双向投资快速增长,人文交流日益活跃。宁波作为海上丝绸之路的重要节点和"活化石"城市,把与中东欧国家合作作为积极融入"一带一路"建设的重要突破口。为了全面深化拓展与中东欧国家的贸易往来、产业合作及人文交流,加快打造中国与中东欧 17 国合作与交流的"三个首选之地",宁波市商务局于 2018 年组织建设了数字"17＋1"经贸促进中心信息平台。作为"17＋1"经贸合作示范区公共服务示范工程的一项重要内容,数字"17＋1"经贸促进中心信息平台 2018 年 11 月 12 日上线(简称数字中东欧)。《关于建设宁波中国—中东欧国家经贸合作示范区的总体方案》提出了"一会一园四中心"的建设目标,其中"一中心"就是数字"17＋1"经贸促进中心。平台主要包括"17＋1"综合门户网站、"17＋1"贸易数据中心,以及"17＋1"项目信息发布中心三部分,立足于促进我国与中东欧国家之间的信息资源互联互通、增进相互友谊、加强合作交流,探索建立面向社会公众、企业及政府部门需求的"17＋1"经贸合作信息服务长效机制。

二、面向中东欧国家的经贸合作平台建设现状

(一)经贸合作平台建设基本情况

数字"17+1"经贸促进中心信息平台建设以来,以全面落实中国与中东欧国家各方面合作为目标,以支持领导决策和服务企业及社会需求为导向,以广泛深度归集中东欧相关信息并建设综合数据库为基础,以"17+1"经贸合作综合门户网站、手机 APP、微信、微博等为载体,为社会公众、企业打造一个集贸易、旅游及文化交流等各方信息为一体的综合服务平台,为社会公众、企业及相关政府人员提供贸易数据等的查询服务,以可视化的方式为企业和政府提供数据支持和决策支撑。总体架构如图 1 所示。

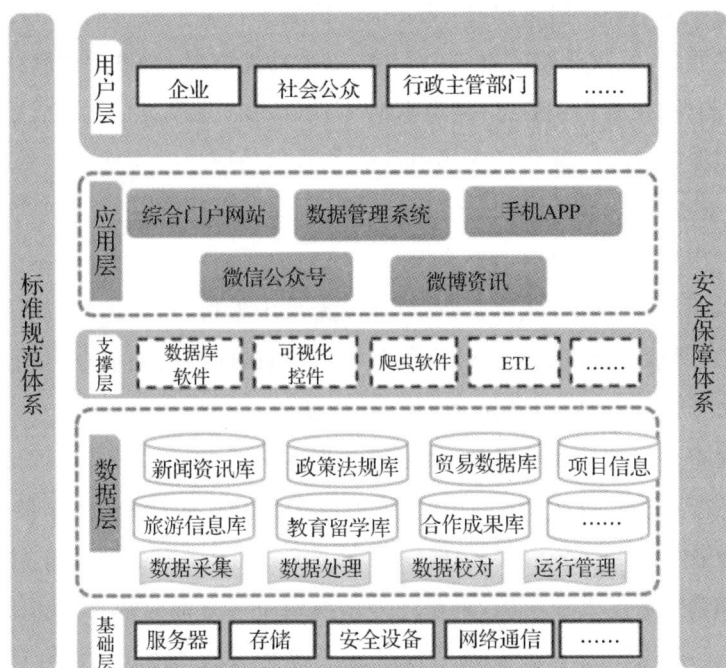

图 1　数字"17+1"经贸促进中心信息平台总体架构

数字"17＋1"经贸促进中心信息平台上线以来,不断优化框架体系,完善内容和信息。平台建设运营团队几次组团或随省、市商务系统外出考察,学习东盟信息港等地的经验,还与中东欧国家的政府、企业、社会组织进行沟通,同时寻求与国内知名服务供应商的合作。提供"17＋1"框架内权威、即时的各类信息,更好地服务政府和企业。

考虑到手机端易于传播的特性,数字"17＋1"经贸促进中心信息平台的微信公众号、新浪微博和手机 APP 相继上线,而且也运作抖音号,希望通过更加灵活多样的短视频来吸引年轻人关注。在新冠肺炎疫情防控期间,也发挥了其优势,开辟了中东欧商品云上展专栏通道,进一步拓展中国与中东欧国家经贸往来与合作的线上渠道,为宁波市数字经济发展走出了重要一步。

(二)面向中东欧国家的经贸合作平台存在的问题

一是中东欧各国信息独立,缺乏统一信息平台。中国目前已在中东欧各国驻有参赞处,汇报所驻国家国内经济、贸易发展情况,通过中国驻中东欧各国参赞处官网发布相关信息,但中东欧 17 国参赞处网站相互独立,相互之间关联不够紧密,企业、群众在查找中东欧各国相关信息时需搜索多处,效率较低,缺乏统一的信息展示平台。

二是中东欧信息展示不够全面,缺少信息全面性。参赞处网站信息以所在中东欧国家的经贸信息为主,不包含国家风土人情、签证流程、旅游教育等方面,信息展示不能满足社会公众的基本需求,国内外的人们在出国投资、旅游教育方面信息不对称,信息全面性亟须提升。

三是中东欧贸易数据零散,缺乏对数据的统计分析。进出口贸易数据主要源于国家海关官方网站发布的信息,中东欧各国贸易信息较为零散,缺乏针对中东欧各国的专题分析,在数据信息统计方面缺乏针对性的分析,中东欧各国进出口趋势数据无法明确,企业在外出投资决策方面时缺乏有力支撑。数字"17＋1"经贸促进中心信息平台数据资源建设遵循的理念是:理清数字"17＋1"的数据内容,规范数据的采集、交换和处理,确保数据真实可用与更新;并基于数字"17＋1"经贸促进中心数据池建设,结合主题场景应用,以"驾驶舱"式进行多维分析与展现(见图 2)。

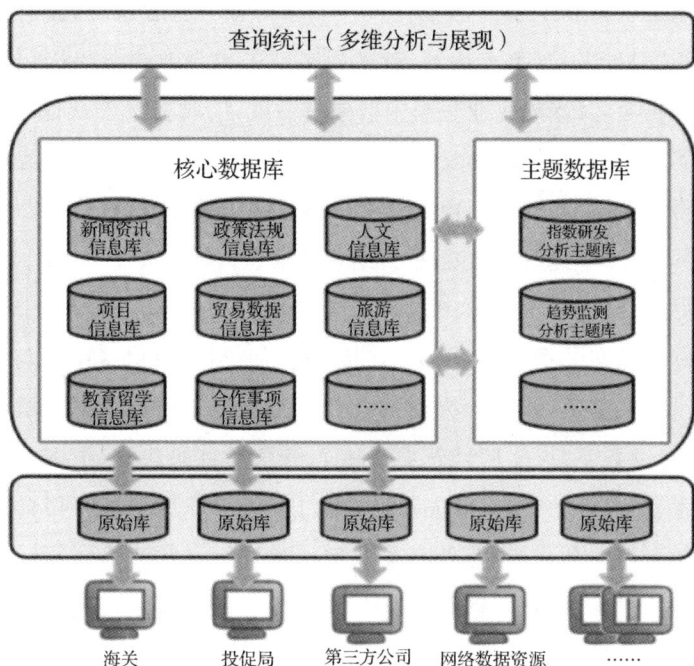

图2　数字"17＋1"经贸促进中心信息平台数据库架构

四是信息展示手段单一,缺乏多载体信息展示。中东欧各国主要以网站的形式展示信息,信息扩展速度较慢,被动性地展示信息,缺乏信息推送的主动性。随着智能终端的兴起,社会化媒体在信息传播方面存在着巨大的优势,如何利用新兴技术,多方面多维度展示中东欧各国信息也是目前须解决的问题。

三、面向中东欧国家的经贸合作平台建设的必要性和可行性

(一)建设的必要性

一是遵从国家战略指导,响应国家政策号召。为进一步推进中国与中东欧各国的友好邦交,中国外交部连续出台了《中欧合作2020战略规划》《中国—中东欧国家合作中期规划》等一系列指导性文件,作为对外贸易领域的先行示范功能区,积极响应国家政策、践行工作任务要求是宁波市的职责所在。

二是满足中国和中东欧国家之间"引进来"和"走出去"的需求。在中国"走出去"和"引进来"政策支持下,越来越多的国内企业想走出国门进一步寻找国外合作机会,及国外企业想来中国寻求发展,同时社会公众也希望走出国门去国外旅游开阔眼界,国外友人同样也有此需求。中东欧 17 国在物产旅游方面有着得天独厚的条件,国内群众对中东欧各国的概况缺乏宏观认识,亟须"数字 17+1"经贸促进中心信息平台给予其信息。

三是促进合作交流,加深中国与东欧之间邦交关系。中国与中东欧各国一直有良好的邦交关系,特别是在"一带一路"倡议提出以后,中国与中东欧各国在经济、贸易、基建、教育等方面的合作更是谱写了中国—中东欧合作关系的新篇章,通过数字"17+1"经贸促进中心信息平台的建设,中国与中东欧各国之间教育、文化等的交流,可进一步加强中国与中东欧各国的邦交关系。

四是便于社会公众、企业及有关政府人员进行数据查询、统计、分析。数字"17+1"经贸促进中心信息平台为社会公众、企业及相关政府人员提供了有关中东欧经济贸易、产业政策、人文旅游等数据信息的查询服务,同时通过对数据的统计分析,可进一步为企业及相关政府人员提供决策分析、趋势判断、预警分析等服务。

(二)建设的可行性

一是政策可行性。数字"17+1"经贸促进中心信息平台直接服务于社会公众、企业及相关政府人员,产生了直接的社会效益和间接的经济效益。《中欧合作 2020 战略规划》《中国—中东欧国家合作中期规划》《宁波市人民政府关于加强与中东欧国家全面合作的若干意见》《第二次中国—中东欧国家经贸促进部长级会议宁波宣言》《宁波加强与中东欧国家全面合作鼓励政策》等一系列文件的出台,为数字"17+1"经贸促进中心平台的发展起到了强有力的指导作用。

《中国(宁波)—中东欧国家城市合作纲要》中,各方一致表示将根据各国的相关法律以及各地实际情况,在促进经贸交流与合作、推进互联互通合作、搭建投融资平台、深化人文交流合作等方面推进互利互惠、共同发展。《关于建设宁波中国—中东欧国家经贸合作示范区的总体方案》提出重点任务是建设国际信息枢纽,深化数字"17＋1"经贸促进中心建设,打造集门户网站、数据中心、项目撮合于一体的线上综合服务平台。

二是技术可行性。近年来随着互联网技术的发展和信息化普及程度的不断提高,云计算、移动互联网等新兴信息技术在政府信息化建设中得到了广泛的推广和应用,也为数字"17＋1"经贸促进中心信息平台建设提供了较好的技术支持。要重点考虑安全防护与制定宁波电子政务的相关规范标准,数字"17＋1"经贸促进中心信息平台可以纳入宁波政务云平台,节约平台建设费用的同时具有安全保障,基础支持总体架构图如图3所示。因此平台建设具备技术可行性。

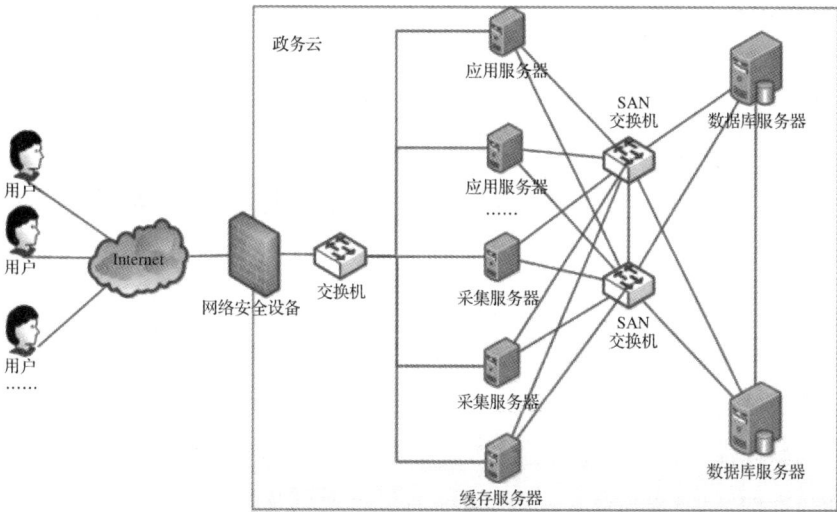

图3　基础支持总体架构

三是经济可行性。随着国家提出"一带一路"倡议以及政府的大力支持,随着经济水平的提高,与中东欧各国的文化交流也已经成为社会各界的共同需求,数字"17＋1"经贸促进中心平台对于国家、人民群众有着重要意义,受到宁波市政府的高度重视,并给予大力支持,同时平台的建设将推进中国与中东欧之间信息的互联互通,为双方的贸易往来、人文交流等奠定了基础,具有一定的经济效益。因此平台建设具备经济可行性。

四、高质量打造面向中东欧国家的经贸合作平台的建议

(一)建立平台协调和协作机制

为加快推进各项筹建工作,落实平台建设运营协调和协作机制,提升平台建设质量,设立数字"17＋1"经贸促进中心信息平台建设工作指导委员会,由相关部门主要领导、相关企业和平台运营方组成,对平台建设及后期运营进行指导和监督,统筹协调平台建设中的有关问题,协助平台的统一规划和实施。同时,建立平台外围各职能部门定期沟通机制,协调解决平台建设过程中各职能部门的衔接问题。

(二)加强专业人才引进与培训

为加强平台的运行,需配备精干的专业管理人员和技术人员,组建平台运营管理团队,严格执行与平台的日常管理与维护有关的规章制度,及时更新和改进平台的数据和功能缺陷,保证信息的时效性、全面性、准确性和权威性,确保网络安全、系统安全和数据安全。同时加强系统使用人员的培训工作,使其能够熟练掌握系统的日常使用,以及归档、信息共享等业务处理流程,达到熟练使用软硬件设备的操作要求。通过加强计算机基本操作技能和系统软硬件操作技能的培训,提高广大使用人员的综合素质以及职业技能。

(三)保障运行资金可靠稳定

需要协调市财政统筹保障数字"17＋1"经贸促进中心信息平台建设及运营的相关资金,确保平台的全面建设和应用。同时为保障平台系统的完善和功能扩展,结合实际情况,每年还需安排一定的平台运营经费、数据购买经费等,从而保证数字"17＋1"经贸促进中心信息平台稳定可靠运行。

(四)提升技术运用能力

依托大数据、云计算、人工智能、5G 等新兴技术进一步拓展信息平台资源

渠道,打造"平台＋科技"模式,创新信息平台信息来源方式,丰富中国与中东欧信息传播内容,扩大中东欧经贸与文化传播范围。坚持以互联网技术为依托,综合利用现代传播技术,通过技术、手段和工具的全面升级,提升数字"17＋1"经贸促进中心信息平台传播的效率、质量和社会效益。

五、结 语

　　宁波要高质量推进中国—中东欧国家经贸合作示范区,就必须对标东盟信息港建设,高质量打造面向中东欧国家的经贸合作平台。数字"17＋1"经贸促进中心将在中东欧博览会发挥重要的平台、引擎作用,推动中东欧博览会数字化发展。数字"17＋1"经贸促进中心是先行者与开拓者,必将在中国与中东欧国家发展的历史进程中扮演重要的角色,推动中国与中东欧数字经济的发展。

参考文献

[1]刘作奎.中国—中东欧国家合作的发展历程与前景[J].当代世界,2020(4):4-9.

[2]殷军杰,高聪,龙力见.高质量推进宁波"17＋1"经贸合作示范区建设[J].浙江经济,2019(19):52-54.

[3]闫国庆,励效杰,霍杰,等.争创国家试验区:宁波"一带一路"综合试验区建设研究[M].杭州:浙江大学出版社,2018.

[4]周之星.中国—中东欧国家博览会:宁波"一带一路"新绽放[J].宁波经济(财经视点),2019(7):33-35.

[5]高聪,赵凤扬,殷军杰,等.中东欧国家特色商品展面临的问题及对策[J].浙江万里学院学报,2020(1):7-11.

"一带一路"背景下创新发展进口贸易的路径
——基于宁波打造中东欧国家商品进口首选地的研究

高聪　殷军杰　龙力见

在第二届中国国际进口博览会开幕式上,习近平主席指出要更加重视进口的作用,培育一批进口贸易促进创新示范区,扩大对各国高质量产品和服务的进口。中东欧16国是我国重点开拓的进口商品来源地,宁波作为首批国家进口贸易促进创新示范区(2012年创建),主动服务"一带一路"倡议,把握我国发展进口贸易的历史机遇,利用"17＋1"经贸合作示范区的优势以及与中东欧国家开展合作的良好基础,将中东欧17国作为重点开拓的商品进口来源地,进一步扩大中东欧商品进口,为国家和有关地区创新发展进口贸易提供鲜明的地方样板。

张宏斌从提升进口便利化、实施积极的进口政策、营造良好口岸环境等方面提出要完善扩大进口的机制。庄芮、杨超、常远指出在扩大进口过程中要注意防范安全风险、外汇储备流失风险、重要产品断供风险等。曹晶晶、方巍巍从拓展欧洲亚洲回城市场、推进跨境电商邮包运输、降低运营成本等方面提出依托中欧班列扩大进口的建议。戴翔从改善贸易自由便利化条件、搭建平台载体、制定支持性进口政策、建设进口诚信体系、强化知识产权保护、创新进口贸易方式、优化国际市场布局等方面提出推动高质量进口的路径。刘晓玲指出可通过构建贸易服务支撑体系帮助海外品牌打入中国。邢承设研究指出浙江进口贸易发展面临总体规模小、企业资金压力大、销售困难等挑战。

一、中国与中东欧国家贸易合作的现状

2018 年,中国与中东欧国家的进出口总额为 822 亿美元,其中进口额为 230.38 亿美元,同比增长 24.6%,较 2011 年增长了 80.7%。2018 年,宁波与中东欧国家进出口总额为 36.96 亿美元,同比增长 26.6%,占全国比重的 4.5%。进口额为 5.05 亿美元,同比增长 34.4%,较全国平均增速高出 9.8%。

总体来看,中国与中东欧国家、宁波与中东欧国家的贸易都实现了较快增长,尤其是进口增速超过了出口增速,宁波进口增速超过出口增速近 10 个百分点。但是,应该看到,不管是宁波,还是中国与中东欧国家的贸易仍存在较大逆差,中东欧国家进口规模远小于出口规模,中国与中东欧国家进口贸易有较大潜力。

二、宁波发展中东欧进口贸易的实践

近年来,宁波不断加强与中东欧国家的合作,陆续出台了《宁波市中东欧经贸合作补助资金管理办法》等系列战略举措,在全国首次先提出将其打造成中东欧商品进入中国市场的首选之地,在发展中东欧进口贸易方面进行了卓有成效的实践。

(一)高水平举办中东欧博览会

2014 年,宁波承办了"中国—中东欧国家经贸促进部长级会议"和"中东欧国家特色商品展"。从 2015 年开始,连续 5 年成功举办中国—中东欧国家博览会暨国家消费品博览会,2019 年,中国—中东欧国家博览会暨国际消费品博览会升格为国家级展会,这标志着服务"一带一路"建设和拓展中东欧合作有了更大的平台。2019 年,中东欧博览会共有 525 家企业设展,来自全国各地的3079 家采购企业的 4412 名采购商进馆洽谈、采购,累计意向成交 2.96 亿美元。通过举办博览会,每年聚集了大量展商、采购商以及中东欧国家的经贸官员、行业协会,为未来进一步开展贸易合作提供了空间。

(二)打造中东欧特色商品常年馆

经过 5 年的发展,中东欧特色商品常年馆吸引了中东欧 15 个国家的 23 个特色馆入驻,展示面积达 1.3 万平方米,产品覆盖中东欧 17 国,常年展示中东欧国家特色商品,打造永不落幕的中东欧博览会。中东欧国家特色商品常年馆以中东欧国别为单位,由各国政府相关机构或驻外使领馆授权企业打造各个国家的主题特色展厅。

(三)做好中东欧进口企业的服务工作

宁波进口中心从线上线下两方面,积极帮助企业拓展国内销售渠道。每年组织企业参加中东欧博览会和中国国际进口博览会,赴中东欧国家参加境外经贸活动,丰富企业的货源渠道。每年定期与有关超市举办中东欧进口商品节,提升中东欧商品知名度。与阿里巴巴 1688 等平台合作打造线上中东欧常年展。携手中远海运物流,为中东欧进口企业提供供应链解决方案,解决中东欧贸易物流中成本高、货运周期长的问题。

(四)建立中东欧进口贸易促进长效机制

探索建立了贸易促进长效机制,成立了中东欧处以及中东欧博览与合作促进中心。匈牙利国家贸易署宁波代表处、拉脱维亚投资发展署宁波代表处、立陶宛企业署宁波代表处、中国—中东欧农促会联络处等先后落户宁波。出台了国内首个《宁波市中东欧经贸合作补助资金管理办法》。

(五)推进中东欧商品进口贸易便利化

经原质检总局审批,宁波成功设立了中国—中东欧国家贸易便利化国检试验区、中东欧质检合作办公室,开通了中国与东欧国家海关检验检疫合作的信息网站。宁波海关先后出台了有针对性、实效性的 14 项便利措施。在首批 8 项贸易便利化措施中,针对海关质检、业务范围、监管政策等方面进行了创新。在中东欧博览会期间,宁波海关开启展会专用绿色通道,专人负责展品入境的各类手续办理;开设海关监管区,为参展商品提供"门对门"现场监管服务。为推动中东欧食品农产品准入,自 2015 年以来,宁波海关先后承担了波兰种苗、爱沙尼亚水产品、捷克麦芽、拉脱维亚蜂蜜、罗马尼亚蜂产品、斯洛文尼亚蜂产品等食品农产品的准入评估工作,优先保障中东欧食品农产品的风险评估,确保中东欧食品农产品保持每年 1—2 类产品获得准入。

三、宁波发展中东欧进口贸易面临的挑战

(一)中东欧国家市场较小

中东欧 17 国传统的贸易对象以欧美为主,所以其对于中国市场的认识不够深,对于开拓中国市场的积极性还不高。此外,中东欧国家特色产品中,许多优质产品产能较低,生产能力有限,其企业产能仅仅能够满足本地几十万人或几百万人的市场,对于中国这样一个有十几亿人的市场,其供应能力远远不足。

(二)面临国内各省市的激烈竞争

国内各省市与中东欧国家进行贸易合作的热情高涨,将与中东欧国家贸易合作作为重点方向。中国国际进口博览会的举办对宁波举办中东欧博览会带来了一定的冲击。上海、湖南、辽宁等地都建立了中东欧国家商品馆。四川、陕西、湖南、江苏、辽宁等地开通了中欧班列。各有关省市都将参与"17+1合作"作为参与服务"一带一路"建设的重要举措,积极承办"17+1 合作"机制下的各类活动,并以此为机遇扩大与中东欧国家的经贸合作。同时,各地每年都会举办高级别的经贸洽谈会、推介会,强化与中东欧国家的经贸合作。中东欧国家本地市场较小,且国内各省市的激烈竞争,增加了宁波进一步发展中东欧进口贸易的成本。

(三)中东欧商品面临其他地区商品的竞争

近年来,中国与中东欧国家的贸易持续增长,贸易合作空间巨大。但是,澳大利亚、韩国、日本、拉美、非洲和俄罗斯等地的企业积极推动商品出口至中

国。此外,中东欧国家产品品牌知名度较低,面临着国内外其他产品的激烈竞争,短时间内中东欧商品还很难被国内市场接受,中东欧国家如何与这些国家竞争并保持生命力愈发重要。

四、宁波发展中东欧进口贸易的路径

(一)放宽中东欧食品农产品的准入标准

有些中东欧的食品农产品已符合欧盟标准,可以出口至世界许多国家,但还不能进入中国市场。要充分利用当前国家鼓励扩大进口贸易的机遇窗口期,加快中东欧国家食品农产品的准入步伐,扩大中东欧商品种类。

(二)推动中东欧进口商品分销体系建设

构建起立足浙江,辐射长三角,面向全国的中东欧商品分销体系。打造营销平台,建设分销网点。培育市场主体,举办展销活动,积极参与中国国际进口博览会以及国内外举行的展会活动,与大型商超以及电商平台合作进行线上、线下的营销活动。

(三)培育大型中东欧进口载体

鼓励更多的企业从事中东欧进口贸易,尤其是大型外贸企业,因为其采购能力、营销能力更强,会对中东欧进口产生巨大影响。培育中东欧跨境电商载体,鼓励企业在中东欧国家布局跨境电商。

(四)制定积极的中东欧商品进口贸易政策

针对中东欧商品出台进口鼓励政策,根据商品种类、商品累计进口额实行补贴。对于中东欧商品进口,设立绿色通道,便利进口,降低企业成本。

(五)争创中东欧进口贸易促进创新示范区

宁波可以在国家进口贸易促进创新示范区的基础上,争创国际区域进口示范区——中东欧进口贸易创新示范区。充分利用已有的合作基础,发挥中国(浙江)自贸试验区宁波联动创新区的制度优势,打出政策组合拳,打造中东欧进口贸易促进创新示范区。

(六)加大宣传力度

一是加大对宁波市鼓励中东欧经贸合作的政策的宣传,让全国的企业以及中东欧国家企业、行业协会了解宁波关于中东欧进口的贸易政策;二是加大对中东欧商品的宣传,让消费者逐渐认可中东欧商品。

参考文献

[1]戴翔.主动扩大进口:高质量发展的推进机制及实现路径[J].宏观质量研究,2019,7(1):60-70.

[2]张宏斌.发展高质量进口贸易推进浙江开放强省建设[J].政策瞭望,2018(5):31-33.

[3]庄芮,杨超,常远.中国进口贸易70年变迁与未来发展路径思考[J].国际贸易,2019(4):34-43.

[4]曹晶晶,方巍巍."一带一路"背景下依托"义新欧"中欧班列提升义乌进口贸易水平研究[J].商业经济,2019(4):76-78.

[5]邢承设.浙江进口贸易发展面临的困难及对策研究——基于义乌进口市场的调查[J].天津商务职业学院学报,2020,8(1):46-50;刘晓玲.义乌创新发展进口贸易的路径设想[J].中国市场,2020(6):73-74.

创建中国—中东欧国家贸易便利化示范区

殷军杰　刘星武[*]

殷军杰　刘星武*

习近平总书记在浙江考察时,要求浙江省深入推进重要领域和关键环节改革,加大改革力度,完善改革举措,加快取得更多实质性、突破性、系统性成果,为全国改革探索路子、贡献经验。习近平总书记多次强调,要将"17＋1合作"打造成"一带一路"倡议融入欧洲经济圈的重要承载地。作为我国重点开放城市,加强与中东欧国家合作,既是宁波推动更高水平开放的新机遇,也是宁波打造"一带一路"倡议枢纽的新载体,更是立足长三角、联通中东欧、融入全世界的新通道。

为顺应时代背景和贸易便利化的发展趋势,2017 年 3 月,宁波市抢占先机,成功争取国家质量监督检验检疫总局批复同意创建"中国—中东欧国家贸易便利化国检试验区",使宁波在推动贸易便利化中有了先发优势。但"国检试验区"只是第一个阶段目标,应尽快争创"宁波中国—中东欧国家贸易便利化示范区",以取得更高层次、更大范围的试验授权,抢先抓住贸易便利化改革先机,把宁波打造成为长三角乃至全国贸易便利化的典范。

一、现实基础

贸易规模稳步扩大。2014 年以来,宁波通过举办中东欧博览会、经贸促进部长级会议等系列活动,与中东欧国家的经济联系日益紧密。数据显示,2016—2019 年宁波与中东欧国家的进出口贸易额逐年增加,2019 年,宁波与

---

* 刘星武,男,浙江万里学院物流与电子商务学院研究生,主要研究方向:全球采购与供应链管理。

中东欧17国进出口贸易额达到284.8亿元,较2018年增长8.4％,占2019年宁波对"一带一路"沿线国家进出口贸易额的0.9％,宁波与中东欧17国的双边贸易基本上都实现了增长。

双向投资持续扩大。在对外投资方面,宁波已走在了"17＋1"地方合作的最前沿。随着"17＋1"地方合作进程的快速推进,宁波企业在中东欧国家的布局力度不断增加,截至2019年底,宁波市对中东欧国家核准投资规模为2.2亿美元,对中东欧国家实际投资规模为1.6亿美元,境外企业(机构)数量为56家,投资项目涉及医药、汽配、物流、家电、服装、光伏以及电站建设等。在外商投资方面,截至2019年底,中东欧各国在宁波投资项目已达99个,其中合同外资额累计达2.3亿美元,实际外资额达7077万美元,不仅包含了服务业,也包含了制造业。

打造贸易便利化五大区块。宁波政府以宁波国际会展中心、宁波经济技术开发区现代国际物流园区、宁波保税区、梅山保税港区、中东欧(宁波)工业园"五大区块"为核心,开展规划和建设。按照现代会展业的要求,依托宁波的产业优势和政策优势,将宁波国际会展中心建设成了全国一流的中央商务区;充分发挥物流园区的港口区位优势,降低了外贸物流成本,加快宁波对外贸易的转型升级;提升了宁波保税区进出口加工、国际贸易等功能,以中东欧为突破口,对接"一带一路"大市场;以进出口贸易为主要方向,发展了梅山保税港区的贸易服务功能,将其建设为中国与中东欧国家贸易交流的重要平台;中东欧(宁波)工业园产业配套完善,区域优势显著,被打造成了承接中东欧先进制造业转移的特色工业园区。

政策措施不断完善。2017年,宁波检验检疫局发布了首批八项贸易便利化创新措施,2018年,宁波海关在此基础上又发布了第二批六项创新措施,加快了中东欧国家商品在全国的广泛流动。为支持宁波"16＋1"经贸合作示范区建设,2018年4月20日,宁波市政府印发了《"16＋1"经贸合作示范区建设实施方案》。该方案结合宁波实际,提出了"3362"的总体框架。2019年,宁波市在纳税、技术改造、科技创新、中介服务、获得信贷、通关等领域打出便利化改革"组合拳",帮助宁波企业简化流程、开拓市场。2020年2月,宁波市委市政府印发了《关于建设宁波中国—中东欧国家经贸合作示范区的总体方案》。

该方案立足宁波全域,综合考虑示范区建设的现状、未来发展需求等因素,构筑"一园四片多点"联动发展的空间新格局。

跨境电商合作发展显著。宁波作为我国跨境电商发展规模较大的城市之一,正积极深化与中东欧国家间的跨境电商合作。2019 年,跨境电商零售进口验放单量 223.6 万单,实现交易额 2.4 亿元,同比增长 89.6%。在 2019 年举办的首届中国—中东欧国家博览会暨国际消费品博览会上,宁波推出了"跨境电商中东欧国家拓市行动",积极鼓励宁波的电商企业与中东欧国家之间开展业务活动,同时,宁波还在线上线下加快建立了中东欧商品的国内分销体系。2019 年 4 月,宁波与拉脱维亚共同签署了《合作支持建设中国(宁波)—拉脱维亚跨境电子商务港湾谅解备忘录》。宁波还成功启动了宁波—布达佩斯数字贸易跨境电商平台等项目,与中东欧国家的跨境电商合作上了一个新的台阶。

口岸功能相对齐全。宁波已初步形成了覆盖海运、空运、陆路口岸、邮政口岸的全方位开放格局,海港口岸业务量逐年上升。陆港口岸依托铁路资源,借助国际中转、甬新欧班列等多种贸易运输方式,为铁路口岸的发展奠定了良好基础。2015 年,宁波国际邮件互换局正式获批;2020 年 5 月,宁波临空经济示范区正式获批,成为继杭州等城市之后全国第 11 个国家级临空经济示范区,实现宁波各种口岸功能的全覆盖。

二、对策建议

打造中东欧商品重点通道。一是要积极申报中东欧国家特色农产品进口指定监管场地,探索开通鲜活农副产品通关"绿色通道"。二是要创新中东欧贸易检验检疫监管模式,对进出口食品农产品实施"即报即放""即查即放"等多种通关模式。三是要进一步加快中东欧商品准入进程,扩大进口商品准入品类。四是要积极借鉴博览会相关政策,便利中国—中东欧国家博览会暨国际消费品博览会展品进口,允许展览品合理消耗。

构建中东欧商品内销体系。一是要进一步做强中东欧特色商品常年馆等专业贸易平台,培育若干个销售规模上亿的中东欧特色商品品类。二是要主动承接中国国际进口博览会,重点开展中东欧及欧洲其他国家商品展示交易、商务服务,打造国内规模最大的中东欧商品常年展示交易集聚区,推动建设中东欧商品综合展示交易中心。三是要争取开设中东欧进口商品免税店。四是要加强与大型商超、电商平台的合作,扩大中东欧商品销售渠道。

发挥跨境电商先行作用。一是要继续实施中东欧国家跨境电商拓市行动,鼓励企业与中东欧本土电商平台开展合作,深化拉脱维亚(宁波)跨境电子商务港湾、匈牙利邮政跨境电商等项目建设。二是要支持企业在中东欧国家设立海外仓,建设跨境电商综合服务平台。落实跨境电商零售出口"无票免税"政策,开展跨境电商零售出口企业(平台)所得税"核定征税"政策试点。三是要争取跨境电商进口正面清单扩增,扩大"网购保税＋线下自提"试点范围,允许跨境电商商品和保税货物实施状态互转。

借鉴浙江自贸区、上海临港新片区等先进试验区贸易便利化措施,实施高标准的贸易自由化。一是要推进自贸区联动创新区与"17＋1"经贸示范区联动发展,借鉴浙江自贸区、上海临港新片区等在政府职能转变、投资管理、贸易便利化、金融创新与开放、综合监管等领域的制度创新成果,进一步提升贸易便利化水平。二是要在全面实施综合保税区政策的基础上,取消不必要的贸易监管、许可和程序要求,实施更高水平的贸易自由化便利化政策和制度。三是要对中东欧国家抵离物理围网区域的货物,探索实施以安全监管为主,体现更高水平贸易自由化便利化的监管模式,提高口岸监管服务效率,增强国际中转集拼枢纽功能。四是要推进服务贸易自由化,加快与中东欧国家在文化服务、技术产品、信息通讯、医疗健康等资本技术密集型服务贸易方面的发展。

参考文献

[1] 孙坚,苏小莉."一带一路"倡议下中东欧贸易便利化对中国与欧盟出口影响的比较[J].
上海对外经贸大学学报,2018,25(1):29-36.

[2] 王巍.中东欧贸易便利化对中国与欧盟出口影响的比较[J].学术交流,2018(6):187.

[3] 李雪艳.宁波与中东欧贸易便利化的现状、问题与对策[J].经济论坛,2018(11):114-118.

[4] 杨露.中东欧国家贸易便利化对我国贸易的影响分析[J].物流科技,2019,42(12):103-107.

中国与中东欧国家商品分析
——基于中东欧数据分析

杨宗娴[*]

一、中国—中东欧国家经贸合作现状分析

中东欧国家是中国融入欧盟市场的重要接入口和承接带，是"一带一路"倡议的区域支点，在"一带一路"建设中占据举足轻重的地位。当前，中美之间贸易摩擦和争端不断，而在英国退出欧盟后，中国将失去欧盟中最大的支持者，这会给中国企业进入欧盟市场带来更多的阻碍。在这种逆全球化思潮抬头、经贸合作关系复杂多变的背景下，为应对外部贸易摩擦的压力，中国有必要进一步拓展与中东欧国家的经贸合作，创设稳定的外部发展环境，通过积极引导和政策推动，不断完善国家方略，推进我国构建更加全面科学合理的开放新格局。

崔勇前、崔艳萍通过梳理中国和多国的贸易格局，以当前国际大形势为基础，以贸易互补型和竞争发展力的视角进行了综合分析，探究中国与中东欧国家贸易的竞争性、互补型和发展潜力。张丹、张威指出，虽然中国与中东欧国家在双边贸易与双向投资方面快速发展，未来双边经贸合作潜力巨大，但同时，双边经贸合作领域仍存在一些亟待解决的突出问题，阻碍了双边经贸合作发展，需要加以积极引导和政策推动。

---

* 杨宗娴，女，浙江万里学院物流与电子商务学院研究生，主要研究方向：全球采购与供应链管理。

随着贸易通道的完善,中国与中东欧国家的贸易往来呈现飞速发展的趋势。侯敏、邓琳琳主要从贸易便利化、产业合作方面着手,提出要加快中国与中东欧伙伴国港口物流等基础设施的建设,加快铁路和航空运输体系的建设,共同提高双边货物进出口的运输效率,节约运输成本,建成便利的三维贸易运输通道。琳娜指出中国与中东欧国家的合作关系的发展,主要是以双方的政治关系为基础前提,双方高层相互交流,政治互信不断加深,为贸易合作提供了良好条件。孙玉琴、苏小莉指出,随着"一带一路"倡议的发展,中国在中东欧国家在铁路、公路、港口等基础设施领域的合作,为中国企业拓展中东欧市场提供了重要机遇。但与此同时,中国产品在中东欧市场所占份额还较低,产品结构与市场结构均不够合理。中国与中东欧国家间的贸易更多集中于单一类别的产品,结构过于单一,缺乏合作关系更为紧密的产业内互补。

通过梳理上述文献,发现探究中国与中东欧国家经贸合作发展空间的定性研究较多,定量研究较少;研究我国竞争优势产业较多,研究中国与中东欧国家优势互补产业及预测其贸易动态变化的较少。在复杂多变的国际关系中,分析中国与中东欧国家的商品结构,探索中国与中东欧国家的贸易合作趋势,发挥联动效应,构建中国—中东欧国家贸易协同发展模式已成为现实而紧迫的需要。

二、中国—中东欧国家进出口商品结构分析

(一)中东欧国家宏观经济分析

2017 年,中东欧 16 国的国内生产总值达到 16834.91 亿美元,同比增长4.46%,其中,波兰的国内生产总值在中东欧 16 国中均处于领先地位,达到5981.7 亿美元,同比增长 4.55%,占中东欧 16 国的 35.53%。除此之外,波兰的国内生产总值在欧盟成员国中也处于较为领先的地位,在 2016 年居欧盟成员国第 10 位,2017 年居第 8 位。捷克与罗马尼亚的国内生产总值在中东欧16 国中也较为突出,总值分别排第 2 位和第 3 位。捷克的国内生产总值为2412.63 亿美元,同比增长4.29%,占中东欧 16 国的 14.33%。罗马尼亚的国

内生产总值为 2141.3 亿美元,同比增长 6.95%,占中东欧 16 国的 12.72%。总体来看,近年来中东欧各国经济呈现缓慢增长的趋势(见表1、表2)。

表1 2013—2017 年中东欧国家国内生产总值

单位:亿美元

国家	2013 年	2014 年	2015 年	2016 年	2017 年
阿尔巴尼亚	125.29	127.51	130.34	134.71	139.89
波黑	176.03	178.05	183.53	189.30	195.04
保加利亚	520.40	527.31	546.39	567.92	588.15
克罗地亚	579.00	579.18	578.62	592.21	610.95
捷克	2084.64	2141.24	2254.93	2313.40	2412.63
爱沙尼亚	222.99	229.43	233.27	238.09	249.64
匈牙利	1336.55	1393.05	1439.96	1471.83	1530.54
拉脱维亚	269.32	274.32	282.48	288.72	301.85
立陶宛	423.00	437.96	446.88	457.35	474.87
马其顿	98.64	102.22	106.14	109.25	109.27
黑山	43.04	43.81	45.29	46.63	48.63
波兰	5185.83	5356.09	5562.01	5721.32	5981.66
罗马尼亚	1782.26	1837.09	1910.09	2002.17	2141.26
塞尔维亚	406.26	398.82	401.84	413.08	420.79
斯洛伐克	949.44	975.55	1013.11	1046.79	1082.38
斯洛文尼亚	465.03	478.88	489.7	505.12	530.38

来源:世界发展指标数据库。

表 2　2013—2017 年中东欧 16 国国内生产总值增长率　　　　　单位:%

国家	2013 年	2014 年	2015 年	2016 年	2017 年
阿尔巴尼亚	1.00	1.77	2.22	3.35	3.84
波黑	2.35	1.15	3.08	3.14	3.03
保加利亚	0.86	1.33	3.62	3.94	3.56
克罗地亚	−0.65	−0.10	2.35	3.17	2.78
捷克	−0.48	2.72	5.31	2.59	4.29
爱沙尼亚	1.94	2.89	1.67	2.06	4.85
匈牙利	2.10	4.23	3.37	2.21	3.99
拉脱维亚	2.43	1.86	2.97	2.21	4.55
立陶宛	3.50	3.54	2.03	2.34	3.83
马其顿	2.93	3.63	3.84	2.92	0.02
黑山	3.55	1.78	3.39	2.95	4.30
波兰	1.39	3.28	3.84	2.86	4.55
罗马尼亚	3.53	3.08	3.97	4.82	6.95
塞尔维亚	2.57	−1.83	0.76	2.80	1.87
斯洛伐克	1.49	2.75	3.85	3.32	3.40
斯洛文尼亚	−1.13	2.98	2.26	3.15	5.00

来源:世界发展指标数据库。

(二)中东欧国家商品进出口规模分析

2017 年,波兰的商品出口总额与进口总额在中东欧 16 国中最大,商品出口总额达到 2309.33 亿美元,同比增长 14.03%,商品进口总额达到2304.36 亿美元,同比增长 16.80%。捷克商品出口总额均与进口总额排名第二,商品出口总额为 1801.26 亿美元,商品进口总额为 1619.63 亿美元,增长率分别为 1.16%、13.19%。排名第三的为匈牙利,商品出口总额为 1136.02 亿美元,商品进口总额为 1073.14 亿美元。总体来看,中东欧各国的商品进出口贸易额差异很大但总体保持高速增长。在 16 个中东欧国家中,波兰、捷克、匈牙利是中国的主要贸易伙伴,波兰和匈牙利一直与中国保持着较大的贸易额,捷克近几年与中国的商品进出口贸易额也进入了高速增长的阶段(见表3、表4)。

表3 2013—2017年中东欧16国商品出口总额 单位:亿美元

国家	2013年	2014年	2015年	2016年	2017年
阿尔巴尼亚	2.32	24.30	19.30	19.62	23.01
波黑	56.87	58.89	50.96	53.27	63.00
保加利亚	295.79	292.85	253.83	265.90	300.24
克罗地亚	126.59	138.58	129.41	138.25	160.05
捷克	1622.74	1750.95	1579.53	1627.14	1801.26
爱沙尼亚	163.20	160.52	128.36	131.69	144.72
匈牙利	1075.03	1106.19	985.75	1019.16	1136.02
拉脱维亚	144.67	145.57	121.36	121.53	138.23
立陶宛	325.98	323.64	254.12	250.24	298.57
马其顿	4.98	4.41	3.52	3.61	4.21
黑山	2049.84	2201.52	1991.92	2025.27	2309.33
波兰	658.35	697.47	606.01	635.28	707.34
罗马尼亚	146.14	148.45	133.79	148.82	169.41
塞尔维亚	857.50	864.60	752.74	775.60	845.78
斯洛伐克	340.19	359.69	319.45	329.22	383.93
斯洛文尼亚	23.32	24.31	19.30	19.62	23.01

来源:世界发展指标数据库。

表4 2013—2017年中东欧16国商品进口总额 单位:亿美元

国家	2013年	2014年	2015年	2016年	2017年
阿尔巴尼亚	49.02	52.30	43.20	46.69	52.94
波黑	102.95	109.89	89.89	91.40	103.00
保加利亚	343.03	346.98	292.32	289.55	340.86
克罗地亚	220.22	227.90	205.97	219.07	247.31
捷克	1442.59	1543.75	1414.41	1430.87	1619.63
爱沙尼亚	184.64	183.02	145.34	149.36	166.38
匈牙利	1001.11	1049.23	920.30	938.97	1073.14

国家	2013 年	2014 年	2015 年	2016 年	2017 年
拉脱维亚	178.65	176.50	144.87	142.58	168.00
立陶宛	348.06	343.94	281.81	273.40	324.93
马其顿	23.54	23.69	20.39	22.86	26.12
黑山	2076.07	2236.74	1965.84	1973.00	2304.36
波兰	734.81	777.91	698.75	745.64	853.61
罗马尼亚	205.43	206.09	182.11	191.02	221.28
塞尔维亚	817.35	819.53	734.12	755.09	832.38
斯洛伐克	333.73	339.45	298.32	305.48	359.67
斯洛文尼亚	49.02	52.30	43.20	46.69	52.94

来源：世界发展指标数据库。

(三)中东欧国家进出口商品分析

1.农业原材料进出口分析

由图 1 可知,爱沙尼亚、捷克、克罗地亚、立陶宛、拉脱维亚、波黑等国农业原材料出口额占商品出口额的比例高于进口,其余国家均进口大于出口。2017 年拉脱维亚的农业原材料出口额占商品出口额的比例最高,为 9.55%,年增长率为－9.48%。农业是国民经济的基础产业,也是拉脱维亚的传统产业,主要包括种植业、渔业、畜牧业等行业,畜牧业在农业中占主导地位,其耕地面积占总面积的 9%,达 250 万公顷。农作物以谷物、亚麻、甜菜、饲料和马铃薯为主,一半耕地用于种植饲料作物。拉脱维亚 30% 的人口住在农村,其中农业人口占全国总人口的 15%。爱沙尼亚的农业原材料进口额占商品进口额的百分比最高,为 2.76%,仅次于爱沙尼亚的是拉脱维亚,达到 2.55%。历史上,爱沙尼亚曾是个传统的农业国,随着工业化的进程,特别是独立以后,爱沙尼亚致力于发展本国的制造业和加工工业,农业在国民经济中的占比逐渐走低,农业原材料依靠进口。

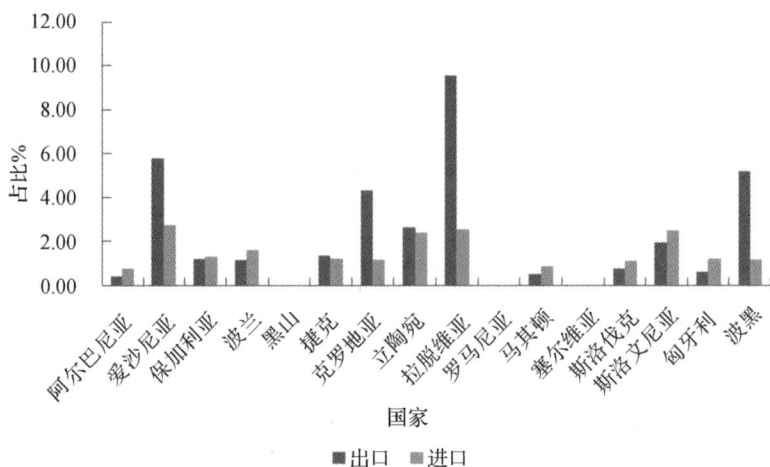

图 1 2017 年中东欧 16 国农业原材料出(进)口额占商品出(进)口额的比例

2.食品进出口分析

由图 2 可知,保加利亚、波兰、克罗地亚、立陶宛、拉脱维亚、匈牙利的食品出口额占商品出口额的比例高于进口,拉脱维亚、立陶宛的出口比例高于15%,分别为 20.42%、17.22%。随着居民生活水平的不断提高,对进口食品的需求逐年增加。2017 年,波黑食品进口额占比在中东欧 16 国中最高,为17.01%,同比增长−5.45%,其中主要进口商品为糖、巧克力、麦芽啤酒等,进

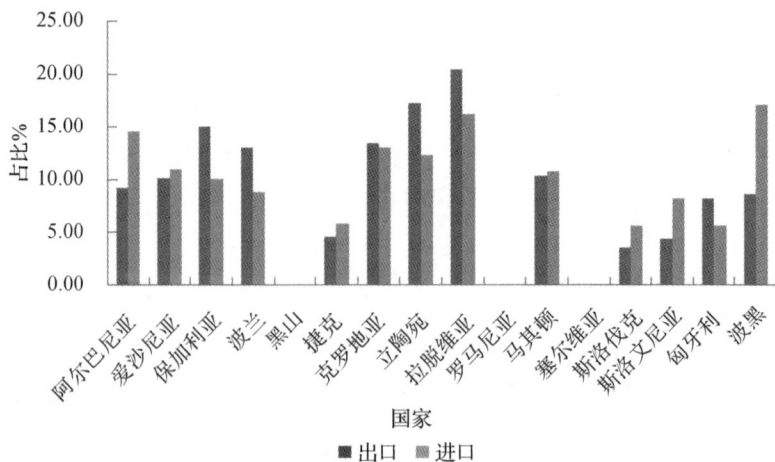

图 2 2017 年中东欧 16 国食品出(进)口额占商品出(进)口额的比例

口食品安全已经成为保障消费者安全的大事。

三、研究结论及对策建议

(一)结　论

本文从中东欧国家总体特征和局部特征对 2013—2017 年中东欧国家进出口商品的演变和总体特征进行了研究。近年来,中国—中东欧国家贸易合作取得了较快发展,2013 年到 2015 年呈现快速增长的趋势,双边贸易额总体上呈现先波动上升后下降的年际变化趋势。中国在双边进出口贸易中的顺差过大,进出口商品结构比较单一,初级产品所占比重较小。

(二)建　议

完善中国与中东欧国家的经贸合作平台。中东欧国家是中国融入欧盟市场的重要接入口和承接带,是"一带一路"倡议的区域支点,在"一带一路"建设中占据举足轻重的地位,因此在中国与中东欧国家开展贸易合作时要积极推动"一带一路"建设和"16+1 平台"的对接融合,探索一系列促进贸易便利化的政策措施,建立多边交流平台,进一步释放贸易潜力。

加强优势产业合作,探索新兴产业交流。由于中国与中东欧国家具有贸易互补性,因此在中国与中东欧国家贸易合作的过程中,应重点关注双边优势产业合作,注重细分市场,从而对新兴产业产生一定的示范作用,在遵循平等、互利、共赢的理念下,加强中国与中东欧国家的贸易联系。

参考文献

[1]崔勇前,崔艳萍."一带一路"倡议下我国与中东欧国家贸易互补性与发展潜力研究[J].改革与战略,2018,34(1):153-155,166.

[2]张丹,张威.中国与中东欧国家经贸合作现状、存在问题及政策建议[J].中国经贸导刊,2014(27):36-38.

[3]侯敏,邓琳琳.中国与中东欧国家贸易效率及潜力研究——基于随机前沿引力模型的分

析[J].上海经济研究,2017(7):105-106.

[4]琳娜.中东欧国家与中国经贸关系研究[D].北京:首都经济贸易大学,2017.

[5]孙玉琴,苏小莉."一带一路"倡议背景下我国开拓中东欧市场的策略思考[J].国际贸易,2017(2):40-48.

[6]方英,马芮.中国与"一带一路"沿线国家文化贸易潜力及影响因素:基于随机前沿引力模型的实证研究[J].世界经济研究,2018(1):112-121.

[7]张方慧."一带一路"背景下中国与中亚国家经贸合作:现状、机制与前景[J].现代管理科学,2018(10):18-20.

[8]王巍.中东欧贸易便利化对中国与欧盟出口影响的比较[J].学术交流,2018(6):187.

[9]陈继勇,陈大波.贸易开放度、经济自由度与经济增长——基于中国与"一带一路"沿线国家的分析[J].武汉大学学报(哲学社会科学版),2017,70(3):46-57.

[10]杜娟."一带一路"贸易投资便利化之中东欧国家法律环境评析[J].西安交通大学学报(社会科学版),2017,37(6):75-82.

宁波国际贸易"单一窗口"建设的进展与提升路径

高　聪　殷军杰　龙力见

国际贸易"单一窗口"是促进贸易便利化的重要手段,上海、福建在自贸区"单一窗口"建设方面取得了一些较为成功的经验,新加坡、日本、美国、瑞典等在国际贸易"单一窗口"建设上也有一些可供借鉴的经验。

当前,关于国际贸易"单一窗口"的研究主要集中在我国国际贸易"单一窗口"存在的问题、国际建设模式、区域比较研究、建设的对策建议等。黄建忠、陈子雷、蒙英华研究指出我国国际贸易"单一窗口"建设应加强顶层设计,在国家、地方层面建立强有力的领导机制。史嵘指出国际贸易"单一窗口"涉及部门多、协调难度大、顶层设计难以实践、与时俱进不足等问题。孟朱明指出国际贸易"单一窗口"建设应作为一项长期的工作任务,不断完善与创新,与时俱进。王卫东、孙伟华指出地方特色版"单一窗口"能够提供特色服务,精准服务本土企业,应当作为国际贸易"单一窗口"的重要组成部分。

一、宁波国际贸易"单一窗口"的建设情况及主要业务

(一)建设情况

宁波于 2015 年 9 月正式启用国际贸易"单一窗口",此后,功能不断丰富与完善,建设了加工贸易"单一窗口",被确定为第一批标准版货物申报试点城市,减免税业务落户宁波国际贸易"单一窗口",其详细的进展以及建设情况如表 1 所示。

表 1　宁波国际贸易"单一窗口"的情况

时间	建设情况	服务功能
2015 年 9 月 1 日	国际贸易"单一窗口" 正式启用	口岸通关、跨境电商、贸易合作、资质认证等
2015 年 12 月 9 日	加工贸易"单一窗口" 正式启用	实现资源整合和信息共享
2017 年 4 月 26 日	被确定为第一批标准 版货物申报试点城市	包括货物申报、舱单申报、运输工具申报、企 业资质、原产地证、许可证办理等 9 大基本 功能,覆盖口岸通关核心流程。宁波口岸主
2017 年 5 月 19 日	宁波口岸成功通过国际贸 易"单一窗口"标准版首票 货物申报	要承担货物试点申报
2018 年 8 月 18 日	新添中国信保服务专区	包括风险信息、风险咨询、服务小微、信保融 资、保户通道五大模块
2019 年 6 月 18 日	减免税业务落户宁波国际 贸易"单一窗口"	办理减免税业务,通过"单一窗口"实时接收 海关审核结果。减免税功能包括备案变更、 证明修改、作废申请等;减免税后续功能包括 减免税税款担保、货物抵押、异地监管、提前 解除监管、企业年报等

(二)主要业务

中央标准版平台具备 12 项功能,以及相应的 68 项应用服务。此外还有金融服务、地方特色应用。主要业务如表 2 所示。

表 2　宁波国际贸易"单一窗口"的主要业务

名称			主要业务			
中央标准 应用	企业资质, 主要包括 关企合作 平台、外汇 收支名录等	许可证件, 主要包括 出口许可 证、机电产 品自动进 口许可证等	原产地证, 主要包括 海关原产 地证申请、 贸促会原 产地证申 请等 4 项	运输工具, 主要包括 船舶、航空 器、公路、 列车 4 项	舱单申报, 主要包括 海运、空 运、公路、 铁路、铁路 舱单 5 项	加工贸 易,主要 包括出 境加工、 选择性 征收关 税等 9 项
	税费办理, 主要包括 税费支付、 船舶吨税 执照申请、 增值税抵 扣项	出口退税, 主要包括 出口退税 (外贸版)、 出口退税 (生产版) 等 4 项	口岸物流, 主要包括 监管场所 动态管理 系统、危险 货物申报 3 项	跨境电商, 主要包括 进口申报、 出口申报、 公共服务 3 项	物品通关, 主要包括 展览品、快 件通关、公 自用物品	公共查 询,主要 查询统 计 1 项
金融服务 地方特色 应用	银行服务	出口信用	保险服务			
	政务服务	数据服务	物流服务	特色服务	收费公示	

二、宁波国际贸易"单一窗口"的实践成效

自 2015 年宁波国际贸易"单一窗口"建设以来,功能不断丰富和完善。单日申报量已突破 1.2 万票,主要申报应用率提升至 100%,为企业提供了便利的服务,降低了企业运行成本,提高了运行效率。

(一)助力口岸提升通关效率

自从启用国际贸易"单一窗口",口岸通关时间从两三天减少到半天,有的甚至只需几小时,通关效率得到提升。2018 年 12 月的进口通关时长已压缩至 46.21 个小时。加工贸易公共服务平台上线后,80% 以上的业务可以在 1 个工作日内完成。

(二)降低企业运营成本

实行免费申报制度,企业可以在报关的同时办理减免税业务。宁波市加工贸易企业每年就可以减少 100 万元以上的费用。而全程无纸化作业,将使企业大幅减少专职关务人员,为企业节约了管理费用,预计一年能帮企业降低成本 2 亿元左右。

(三)实现各监管部门的系统集成

宁波海关与人民银行等 16 家发证机关实现系统和数据的对接,联合开发了船舶出口岸手续联系单系统。此外,与宁波—舟山港集团合作搭建了关港智能卡口;与 16 家发证机关系统对接和数据互联,实现报关数据的自动比对、智能验核。

(四)创新国际贸易"单一窗口"运营模式

在宁波市政府主导下,成立混合所有制企业,企业化运营国际贸易"单一窗口"。这提升了海关、宁波—舟山港集团的积极性,也极大提升了跨部门之间数据信息的互联互通,克服了跨部门沟通问题。此外,成立了专业化的运营

公司,更加专业化地运营宁波国家贸易"单一窗口",减轻了海关等部门的工作任务,提升了工作效率以及运营工作灵活性。

三、宁波国际贸易"单一窗口"建设面临的挑战

当前国内、国际形势瞬息万变,技术革新速度加快,为宁波国际贸易"单一窗口"的进一步建设带来了挑战。

(一)国际、国内形势变化为国际贸易"单一窗口"建设提出新的要求

当前,国际、国内形势发展变化较快,需要宁波国际贸易"单一窗口"做到与时俱进,服务国家发展需要。从国内来看,"一带一路"倡议、长三角一体化战略、浙江自贸区宁波联动创新区、宁波参与"17＋1合作"等都需要宁波国际贸易"单一窗口"建设做出相应的调整。此外,宁波国际贸易"单一窗口"面对突发事件如何更好服务企业、服务外贸平稳发展是需要考虑的问题。从国际来看,贸易摩擦加剧,国际经济形势日趋复杂为宁波国际贸易"单一窗口"建设提出了新的要求。

(二)国际贸易"单一窗口"的技术难以满足现实发展的需要

技术革新速度加快,以互联网技术为代表的大数据、云计算、3D打印、5G、区块链等技术发展迅速。而国际贸易"单一窗口"建设的技术支持相对落后,所使用的技术往往落后于新兴的技术,这一方面,会影响口岸的整体建设,另一方面,新兴技术会给数据存储、数据共享的安全性带来极大挑战。此外,与上海、杭州等城市相比,宁波无论在吸引互联网技术人才还是培养互联网技术人才上都存在一定的劣势。

四、宁波国际贸易"单一窗口"建设提升的路径

(一)提升服务国家、省市战略的能力

主动服务国家"一带一路"倡议、长三角一体化战略,推进与长三角城市的

"单一窗口"互联互通。此外,立足地方,服务宁波参与"17＋1合作"、宁波建设"一带一路"综合实验区等。

(二)进一步丰富"单一窗口"的功能

要加强对企业的调研,了解企业的需求,切实解决企业在使用"单一窗口"中面临的问题。要与时俱进,关注国际社会发展面临的新问题,比如在疫情防控期间可以提供相应的特色服务。

(三)加强技术的创新与应用

加大互联网人才、团队的培养与引进力度,打造区块链、大数据、云计算等新技术的创新应用场景,促进全流程便捷通关和全领域风险管控,让"单一窗口"更加智慧化。

(四)加强国内外口岸城市的互联互通

国际上以及国内一些省市在国际贸易"单一窗口"的建设上取得了一些成效,尤其是在国际贸易"单一窗口"收费制度、贸易数据标准化、数据质量、政府机构间数据共享、数据保护等方面已经进行了卓有成效的实践与探索,为宁波国际贸易"单一窗口"建设提供了可供借鉴的经验。宁波要加强与其他相关口岸的互联互通,互相学习借鉴。此外,还要加强宁波市内各有关机构之间数据信息的互联互通。尤其是要加强与"一带一路"国家、中东欧国家的互联互通,更好地服务宁波建设"17＋1"经贸合作示范区。

(五)加强人员培训

加强对政府有关部门人员的培训,提升工作效率,更好服务企业。加强对企业有关人员的培训,让企业深入了解"单一窗口"的功能,熟练操作使用"单一窗口"。

参考文献

[1]黄建忠,陈子雷,蒙英华.中国自由贸易试验区研究蓝皮书(2016)[M].北京:经济科学出版社,2017.

[2]孟朱明.国际贸易"单一窗口"让营商环境持续优化[J].中国对外贸易,2019(10):41-51.

[3]史嵘.进博会视角下苏州推进贸易便利化"单一窗口"建设的对策建议[J].苏州科技大学学报,2019,36(2):31-42.

[4]卢禹翱,康程皓,边毅哲.中国区域性"单一窗口"对地区国际贸易竞争力的影响——以中国(上海)国际贸易单一窗口建设为例[J].中国商贸,2018(2):76-77.

[5]王卫东,孙华.国际贸易"单一窗口"地方特色版的定位与优化发展研究——以中国(浙江)国际贸易"单一窗口"实践为例[J].海关与经贸研究,2019,40(4):29-40.

浙江自贸试验区宁波片区建设的思考
——基于宁波自由贸易发展的历史沿革及其历史地位

龙力见　殷军杰　高聪　潘东达[*]

一、宁波自由贸易发展的历史沿革及其历史地位

宁波自由贸易的发展经历了一个长时间的演变过程。历史上,宁波自由贸易的地位是从宁波对外贸易历史演变的过程中体现出来的。

(一)宁波自由贸易发展的萌芽时期

对于宁波贸易发展的起始时间,目前学术界尚未形成一致的观点,一种观点认为宁波的贸易起源于春秋时期,另一种则认为起源于秦汉时期。笔者更倾向于宁波的贸易约始于秦汉时期的观点。史料记载的"县"的由来、日本从绳纹时代到弥生式时代的突然跨越、徐福东渡日本之说的"移民潮流",还有造船技术的进步都表明了远在秦朝时期,宁波贸易的萌芽已经开始。这种贸易主要是民间贸易或物物交换的形式。宁波贸易的发展为自由贸易发展提供了条件。

唐朝开始,政府积极开展对外贸易,其中包括以"丝绸之路"为主的陆路交通贸易的持续和海上贸易的发展。"安史之乱"之后,陆上交通受阻,海上贸易开始繁荣发展起来。当时的贸易形式有两种,即以遣唐使形式出现的"朝贡"

＊ 潘东达,男,浙江万里学院物流与电子商务学院本科生,主要研究方向:全球采购与供应链管理。

贸易和民间贸易,其中以中日贸易最为典型。唐开元二十六年(738),明州(今宁波)设州,并于唐长庆元年(821)迁治三江口。明州也依托港口优势,扩建州城,兴建港口,设置官办船场,拓展腹地,并逐渐成为我国港口和造船业最发达的地区之一。明州商帮(团)将唐代宗教用品、香料、药品、丝绸、陶瓷、书籍等大量运销日本、新罗及东南亚等地。

宋元时期,宁波对外贸易在唐代长足发展的基础上达到鼎盛。宋淳化三年(992)在明州设市舶司,管理海外贸易事务,成为“三司”之一。在与日本的交往方面,明州是中日贸易的枢纽港,双方贸易往来频繁。在与朝鲜半岛的交往上,明州港则是两宋时期的重要港口,仅北宋中后期,明州商人航行到高丽经商的就有 120 人次左右,明州正式取代登州,成为北宋指定通往高丽的主要出入口岸。政和七年(1117),在明州专门兴建高丽使馆(高丽行使馆),以接待往来明州的高丽使者、商贾。在与东南亚、西亚的交往方面,北宋神宗时期,明州获得可通航东南亚诸国的签证权,与东南亚、南亚、西亚等国在贸易往来方面日益频繁,建有专门接待阿拉伯商人的波斯馆,阿拉伯人在明州还建造了清真寺。1279 年,元灭南宋,在沿袭宋朝对外贸易政策的基础上,推行比南宋更为开放的对外贸易政策。此外,元政府对各地市舶司进行多次调整,无论是贸易品种、贸易数量还是贸易形式、贸易方法都超过了前代。宋元时期已经具有了自由贸易区雏形,但尚不能认为是现代意义上的自由贸易。

(二)宁波自由贸易发展的繁荣时期

明朝中期,葡萄牙殖民者侵占了当时属于宁波辖区的六横岛,建立了当时世界上最大的国际自由贸易港——双屿岛,并经历长达 20 年的繁荣发展,后随着 1548 年明朝军队的进攻而趋于衰落。在明王朝实行最严厉的海禁政策的情况下,王直的海盗武装走私集团使得宁波双屿岛(今舟山六横岛)成为全球性的贸易中心。

1840 年鸦片战争爆发,列强通过船坚炮利打开了中国的大门,定海、镇海和宁波其他地区相继失守。1842 年清政府与英国签订不平等的《南京条约》,割让香港岛给英国。其实最初,英国想要得到的地方是现在浙江省的舟山群岛,但当时舟山群岛对清政府来说是非常重要的地方。当时英国海军上校义律称"舟山群岛良港众多,也许是世界上最富裕的地区,当然还拥有一条最宏伟的河流和最广阔的内陆航行网"。这里内陆航行网指的就是长江流域,可见其区位优势十分突出。《南京条约》签订后,宁波被开辟为通商口岸之一,并开始走向了一条跌宕起伏、坎坷的近代之路。

明清时期,由于当时政府朝贡贸易以及海禁等政策的影响,宁波三江口一带的港口发展已不复唐、宋、元时期的鼎盛,但宁波依然是东亚板块内的核心城市,是中国对日本群岛进行贸易的唯一合法港口。而且海禁政策下,虽然官方贸易受到了抑制,但民间贸易依然找到了出路。在与梅山岛隔海相望的六横岛,400多年前"富商大贾,牟利交通,番船满海",形成了世界上最早的自由贸易港,迎来一段空前发展的时期。

二、关于浙江自贸试验区宁波片区建设的几点思考

2020年9月21日,国务院印发《关于北京、湖南、安徽自由贸易试验区总体方案及浙江自由贸易试验区扩展区域方案的通知》,浙江自贸试验区宁波片区也正式成立,标志着宁波自由贸易发展迈出了历史性的一步。宁波自由贸易有过一段辉煌的历史:在政策开放方面,增加了多国的签证权;在自身优势方面,用陶瓷、丝绸、香料等物资开辟了海上丝绸之路;在机制保障方面,专门设立市舶司。历史已成过往,宁波自由贸易今天站在了新的起点,更需要与时俱进,继往开来。宁波要从全球贸易发展的前沿视角、国家对外开放新格局的战略需求,以及宁波自由贸易发展的历史积淀与现实基础出发,不断赋予浙江自贸试验区宁波片区发展新动能。

(一)立足政策,发挥特色,推动制度创新

受新冠肺炎疫情和全球经济下行压力加大、贸易保护主义抬头的双重影响,全球产业链供应链受到巨大冲击。这些压力不会在疫情好转后自动恢复,需要国家政策支持和扩大开放才能缓解。宁波更应该在国家政策的号召下,大力推动改革开放,借鉴上海、广东等地区自贸区建设的经验。商务部曾表态:下一步会赋予自贸区更大的改革开放自主权,形成更多针对性强、实效性

强、集成性强的制度创新成果,推动更深层次改革,实行更高水平开放。自贸区"遍地开花",其核心是制度创新。对于浙江自贸试验区宁波片区来说,要避免同质化竞争,发展自身特色和优势,营造具有竞争力的发展环境,形成自己的"领先优势"。根据浙江自贸试验区扩区方案,宁波片区将建设连接内外、多式联运、辐射力强、成链集群的国际航运枢纽,打造具有国际影响力的油气资源配置中心、国际供应链创新中心、全球新材料科创中心、智能制造高质量发展示范区。宁波除完成方案赋予的使命要求以外,也可在建设中国—中东欧国家经贸合作示范区方面下功夫,利用好"17＋1 合作"这个特色平台,推动浙江自贸试验区宁波片区相关制度创新,赋予其新内涵。

(二)借机借势,发挥优势,接受溢出效应

宁波要"深耕责任田",充分发挥现有优势,主动对接上海及周边省市,接受周边自贸区溢出效应,打造腹地功能。

1. 发挥港口优势,抓住周边自贸区的物流溢出机遇

港口是宁波经济社会发展的优势资源和强大动力。上海及周边省市自贸区的建立对宁波国际强港的建设是一把双刃剑,宁波要找准着力点,接轨上海及周边省市自贸区,以货物贸易补充周边自贸区的服务贸易,以贸易物流网络补充周边自贸区的总部经济。从具体来看,可以从三个方面着手:第一,发挥港口功能。上海港集装箱吞吐量连续多年世界第一,目前上海外高桥等港区吞吐能力已趋于饱和,其深水码头也几乎用尽,岸线资源的局限将带来港口吞吐量的分散流失。宁波—舟山港可以抓住机遇、主动对接,提高港口吞吐能力与码头服务能力。第二,发挥航运功能。上海及周边省市都在大力推动国际航运发展的政策创新,宁波要借机借势,尽早建成以内支、内贸线和海铁等多式联运为支撑的港口集装箱内陆物流体系,提升航运服务功能。第三,发挥大宗商品的交易优势。长三角区域一体化建设将促进内外贸一体化发展,从而带动宁波在内的长三角区域贸易增长。宁波要不断完善大宗商品交易平台的建设,加强宁波大宗商品交易所与上海期货交易所等平台的业务合作和数据交换,推动宁波大宗商品交易市场和港口大宗货物物流系统联动;推动高附加值商品进出口市场和港口集装箱物流系统联动,逐步完善展示、交易、结算、仓

储、加工、包装、配送、交割、检测、信息等功能集成的贸易物流服务体系。

2.发挥产业优势,承接上海及周边省市的产业外溢

具体从三个方面着手:第一,制造业方面。上海、杭州等自贸区的建立将吸引各类大企业集团注册。但这些城市自贸区的容量有限,新进企业可能把总部设在上海,而在周边区域寻找发展配套的加工基地、制造基地、销售基地和培训基地等。宁波要发挥区位优势和产业配套优势,借此契机有针对性地向这类大企业集团开展招商引资,吸引其将研发总部、生产基地或分公司、子公司等设在宁波,把优质资源引入宁波。第二,金融服务业方面。一方面,要全面开展甬港、沪甬金融合作,吸引香港、上海等地外资银行和保险机构在宁波设立分支机构,并积极培育发展本土金融总部企业;另一方面,加强金融产品创新,扩大离岸金融规模,打造相关金融机构融资租赁和跨境贸易人民币结算等产品,完善航运物流保险业务,培育航运保险市场。第三,发挥民营企业的优势,分享自贸试验区改革红利。国家设 21 个自贸试验区,形成东西南北中协调、陆海统筹的开放态势,是对新一轮全面开放格局的整体战略考量。浙江自贸试验区宁波片区建设的重点任务之一就是为"企业松绑开路",把发挥民营经济放在更加突出的位置,进一步转变政府职能、完善政策环境、优化服务体系,为全国民营企业提供更大的平台、更多的机遇。宁波与上海、杭州等地域相邻,又具有良好的民营经济优势,要在优势领域积极参与、寻求突破。比如,在"走出去"方面,宁波外贸企业可以抓住浙江自贸试验区扩区的政策机遇,借势参与境外投资。此外,在金融创新方面,宁波可以依托充足的民间资本,借自贸试验区开放的金融政策,推动民营企业的产业运作与金融运作相结合。

(三)完善机制,强化保障,增强发展后劲

浙江自贸试验区宁波片区建设,是宁波深化对外开放的重要进程,是一项长期的系统性工程,需要从组织领导、要素保障等多个层面合力推进。第一,强化组织领导。政府层面需要整体谋划、系统推进。当前重要的任务是发挥市开放型经济、海洋经济、甬舟一体化合作、大宗商品交易所等的作用,切实推动重点领域发展。同时,为向国家争取更多改革权限,还应专门建立统筹协调

机构,确保重点领域发展取得政策和体制突破。第二,制定可操作的工作方案。自贸试验区建设是一项长期复杂的任务,涉及多部门、多领域、多环节。要在深入研究的基础上,制定系统的工作方案,提出宁波建设自贸试验区的总体思路、目标要求、主要任务等内容,并明确每项任务的牵头部门,形成工作合力。

三、结 语

通过宁波自由贸易的历史演变过程我们可以看到,宁波具有重要的战略地位、得天独厚的港口资源优势、源远流长的开放合作基础、开放包容的国际营商环境、开拓进取的民营企业群体、悠久深厚的历史文化底蕴。因此,浙江自贸试验区宁波片区需要立足实际,以客观历史为依据,认清历史必然性,充分发挥自身的基础优势,明确定位,主动服务国家战略,将"一带一路"建设、"17+1合作"、长江经济带、长三角区域一体化等国家战略作为重要抓手,加快浙江自贸试验区宁波片区与中国—中东欧国家经贸合作示范区等联动发展,争设自由贸易港区,有效促进宁波社会经济与对外开放向更高水平发展。

参考文献

[1]李春顶.自贸试验区扩容拓展了全面开放新格局的版图[N].21世纪经济报道,2020-09-23(004).

[2]宁波"海上丝绸之路"申报世界文化遗产办公室.宁波与海上丝绸之路[M].北京:科学出版社,2006.

[3]朱耀斌,戴玉鑫.港口文化[M].北京:人民交通出版社,2010.

[4]娄娜.近代宁波港口贸易研究(1844—1949)[D].宁波:宁波大学,2012.

[5]王万盈,胡珊.穿越千年,探寻宁波港口变迁的"活化石"系列报道——双屿港:世界上最早的自由贸易港[J].宁波通讯,2017(18):72-75.

[6]石博文.近代宁波港贸易发展研究——基于对档案史料《海关公报》的分析[J].浙江档案,2020(5):45-48.

中东欧国家特色产品展面临的问题及对策

高　聪　赵凤扬　殷军杰　龙力见

2013年11月,李克强总理与中东欧国家的领导人在罗马尼亚共同发表的《中国—中东欧国家合作布加勒斯特纲要》中,一致决定"中国—中东欧国家经贸促进部长级会议"及"中东欧国家特色产品展"在宁波举行。2014年12月16日,李克强总理与中东欧6国领导人在塞尔维亚首都贝尔格莱德共同决定,2015年在浙江宁波举办中国—中东欧国家博览会暨国际消费品博览会。2019年3月,经党中央、国务院批准,中东欧博览会正式升级为国家级展会。中东欧博览会升级后,将成为我国"16+1"合作框架下经贸务实合作举措落实的新平台和全国地方对中东欧合作的新窗口。提升中东欧博览会的影响力,将为中东欧特色产品展的建设带来机遇。中东欧特色产品展为进一步做大宁波与中东欧国家特色商品贸易提供了机遇,让越来越多丰富优质的中东欧国家农产品通过宁波进入中国,辐射长三角乃至整个中国市场,使得中东欧博览会更具生命力和发展活力。

一、中东欧特色产品展的发展现状

(一)参展企业数量稳步增长

2014年,中东欧特色产品展参展企业共计169家,至2018年,中东欧特色产品展已成功举办5届,参展企业增长至250家,较首届展会增长50%。除

---

* 赵凤扬,女,浙江万里学院物流与电子商务学院本科生,主要研究方向:国际经济与贸易。

2017 年参展企业数量略有下滑外,其他几年都稳步增长。克罗地亚的参展企业由 2014 年的 5 家增长到 19 家;马其顿的参展企业由 2014 年的 2 家增长到 21 家;罗马尼亚的参展企业由 2 家增长到 8 家;塞尔维亚的参展企业由 11 家增长到 36 家。

(二)参展商品越来越丰富

中东欧特色产品展的商品种类越来越丰富。2018 年,较前 4 届无论在数量还是种类上都有所增加,同比增长均高达 80%。展品来自中东欧 16 个国家,达 3000 多种,主要包括酒类、零食、果汁、果酱、矿泉水、琥珀、蜜蜡饰品和水晶工艺品,另外还有玫瑰和薰衣草精油等美容护肤品、保健品、家庭生活用品及母婴用品等。从食品到日用百货,从家居服装到护肤品,每年都在扩大项目规模和优化商品种类及商品结构,以满足不同需求的专业客户。例如:2014年和 2015 年阿尔巴尼亚的特色商品主要集中在酒类和家用食品,2016 年不仅丰富了食品的种类,还开展了商业咨询和旅游咨询服务,2018 年又增加了珠宝首饰等特色产品;2014 年克罗地亚仅有葡萄酒,食品、经济商会咨询服务,之后展品扩展到了美容护肤品、旅游咨询、房地产销售等多个领域(见表 1)。

表 1   中东欧各国 2017—2018 年主要参展商品及服务

国家	2017 年	2018 年
阿尔巴尼亚	橄榄油、酒类、饮料、商业服务、面包和药草等	施华洛世奇水晶、蜂蜜、酒类、橄榄油、果酱、芳草香料、旅游产品等
保加利亚	葡萄酒、天然化妆品、精油、零食等	天然化妆品、精油、各类酱、葡萄酒、藏红花产品、蜂蜜、饼干、蛋糕、果汁等
波黑	黑葡萄酒和白葡萄酒、乳制品、精油等	酒类、果汁、果酱等
克罗地亚	松露、酒类、果汁、果酱、鱼罐头、薰衣草、珠宝、纪念品、房地产等	护肤品、珠宝、鱼罐头、瓶装空气、葡萄酒、橄榄油、甜酒、松露、旅游纪念品、精油等
捷克	水晶、体育用品、户外用品、酒类、金融服务、护肤品、汽车、旅游产品、乐器、食品等	酒类、水晶、啤酒、蛋糕、化妆品、户外服饰、斯科达汽车、旅游产品、贸易服务、投资促进机构、婴儿用品等
爱沙尼亚	食品、饮料等	食品、饮料等

国家	2017 年	2018 年
匈牙利	罐装氧气、自动化电子设备、贸易服务、投资咨询、水果、蔬菜、酒类、巧克力、物流咨询服务等	生发产品、葡萄酒、能源储存环境保护及性能优化咨询服务等
拉脱维亚	家用产品(清洁产品、沐浴用品)、护肤品、奶制品、白桦树汁、琥珀、零食、茶、松露等	野生凉茶、环保袋、鱼甲壳和软体动物、蜡烛、谷物产品、鱼罐头、酒精饮料、化妆品、薯片、巧克力、糖果、面包等
立陶宛	琥珀、啤酒、果汁气泡酒、纺织产品、奶制品等	草药、皮肤护理、果汁、香水、蜂蜜、婴儿食品、咖啡、果汁等
黑山	矿泉水、葡萄酒、白兰地等	葡萄酒等
马其顿	红酒、健康食品、果汁、花蜜等	果汁、葡萄酒、白兰地、珍珠、胡椒粉、辣椒酱、珠宝、糖果、物流、金属产品等
波兰	珠宝首饰、糖果、饼干、果汁、果酱、健康食品、酒类、贸易服务、清洁产品等	奶制品、手工饰品、小吃、卫生用品、糖果、罐装饮料、消防和救援头盔、水果、酒类、果汁等
罗马尼亚	红酒、罐头、零食、化妆品等	葡萄酒、蛋糕、巧克力、饼干、茶、蜂蜜、罐头、饮料、薯片、干果、化妆品等
塞尔维亚	苦味果产品、苹果圈、婴幼儿护肤品、干果果脯、啤酒、果汁、矿泉水、珠宝、槐花蜂蜜等	饮料、果酱、有机绿色食品、化妆品、飞行器、青年旅舍、投资咨询服务、人力资源服务、金银器水晶、蜂蜜、绵羊群养殖、麦片等
斯洛伐克	零食、水晶、婴儿食品、红酒、投资与贸易咨询服务、饮料、军事模拟器等	饮料、酒类、糖浆、手工巧克力、水晶、果酱罐头、冶金、工程建设、辣椒、燃烧电池、摄录软件、水果、蔬菜等
斯洛文尼亚	红酒、巧克力、果汁、食用油、奶昔、奶制品等	松露、红酒、水果、醋、橄榄油、海盐、肥皂等

(三)采购商的积极性不断提高

为调动中东欧特色产品展采购商的积极性,2017 年起宁波市政府针对采购商采取了两项举措:一是在展会期间,采购商可以享受免费食宿,并且签订 2 万美元以上合同并在当年履约的企业可获得一定的奖励。二是提前收集中东欧国家特色商品的信息,有针对性地在国内外寻找专业采购商。2018 年,展会吸引了来自 6 个国家和地区的采购商,有 200 余名专业客户到会洽谈。宁波市民也踊跃参展,每年展会期间到会观展、采购人数高达万人次。

(四)展馆面积不断扩大

2015 年,中东欧国家特色产品展在宁波国际会展中心 1 号馆举行,展会面积达 5000 平方米,中东欧 16 国展示了本国的特色产品。2018 年,展会移到 8 号馆举行,展会面积扩展到 8400 平方米,较上年增加了 40％,展位数 310 个,中东欧 16 国 250 家企业参展。其中,波兰、罗马尼亚的参展规模最大,参展面积均超过 300 平方米;拉脱维亚、塞尔维亚、匈牙利参展面积也均超过 200 平方米。

(五)对外影响力不断增强

随着中东欧国家特色产品展的成功举办,展会的规划布局得到了升级,更加国际化、专业化。2019 年 3 月,经党中央、国务院批准,中东欧博览会升级为国家级展会。这不但使其成为我国"16＋1 合作"框架下经贸务实合作举措落实的新平台和全国地方对中东欧合作的新窗口,还将为中东欧国家特色产品展的专业建设带来机遇,提升中东欧特色产品展的对外影响力。

二、中东欧特色产品展问题分析

(一)展品品种单一

受地域、人口、政策等多方面因素的限制,中东欧国家特色产品较为单一。从表 1 可以看出,参展的商品集中在食品、饮料、美容护肤品、家居生活用品、手工艺品、婴童用品等 5 个方面,科技类产品较少。

(二)展品知名度不高

保加利亚的玫瑰、波兰的琥珀、捷克的水晶,这些是中国人耳熟能详的中东欧特产,但其他国家的展品人们很难记住。不仅因为它们距中国较远,而且还有历史文化、语言等多方面因素,中国的消费者对其特色产品了解甚少,因此中东欧各国的知名特色商品要想打开中国市场有一定难度。

(三)展馆档次不够高

与东盟博览会的展馆相比,中东欧展馆的基础配套设施较为落后,信息化程度偏低,作为国家级展会的一个重要载体,难以达到大型国际展览和国际会议的要求,展馆的整体规划以及基础配套建设有待进一步提升。

(四)各国参展企业数量不平衡

2014 年,匈牙利、波兰、罗马尼亚参展企业均达到 20 家以上,而爱沙尼亚仅有 1 家,马其顿仅有 2 家。2015 年,克罗地亚参展企业 25 家,匈牙利 24 家,波兰 35 家为最多,而立陶宛和黑山均只有 1 家。2016 年,各国参展企业数量均有明显上升,但仍不平衡,有 5 个国家的参展企业达到 20 家,波兰达到 35 家,但黑山仅有 2 家企业。2017 年,波兰和罗马尼亚参展企业均有 27 家为最多,但爱沙尼亚只有 1 家。2018 年,罗马尼亚参展企业的数量达到 5 年来的最高水平,有 38 家,但爱沙尼亚、黑山、斯洛文尼亚均只有 1 家。

(五)招商招展的成效不够大

克罗地亚的参展企业,2014 年为 5 家,2015 年迅速增加到 24 家,2016 年下降到 13 家,2017 年上升至 26 家,2018 年又下降为 19 家;爱沙尼亚的参展企业,2014 年 1 家,2015 年 6 家,2016 年 2 家,2017 年、2018 年均为 1 家;匈牙利的参展企业,2014 年 22 家,2015 年 25 家,2016 年 31 家,2017 年急剧下降为 11 家,2018 年只有 6 家。参展企业的数量没有逐年增加,而是一年增加、一年减少,呈现大幅度波动的态势。这一现象与中东欧特色产品展的招商招展工作有一定关系。

三、中东欧特色产品展的影响因素分析

(一)特色商品准入未被充分放开

中东欧国家特色商品的品种相对较少,我国也没有完全放开其准入。宁波设立了全国首个中国—中东欧国家贸易便利化国检试验区,宁波海关每年在中东欧博览会期间为来自中东欧国家的特色商品开放绿色通道,但大量未被国家准入的商品不能进口,这影响了中东欧国家展商的积极性。

(二)招商招展力量薄弱

中东欧 16 国有 15 种官方语言,这给展会的举办方带来前所未有的挑战。此外,招展工作人员缺乏经验,没有受过专门的培训,因而在政策宣传方面力度还不够。这使招展的工作效率大打折扣,也导致展览项目的操作流程不规范,影响了整个展会的筹备工作。

(三)展会的前期准备工作不足

一是对采购商的需求调研不够充分,未能准确把握中国大众群体的消费需求和时尚潮流,未能组织适销对路的产品。二是未能充分借鉴中国其他成功的展会,致使中东欧特色产品展的参展绩效明显不足。三是组织策划的针对性和创新性不够,未能充分地动员和组织中国和中东欧的行业龙头、知名企业、自有品牌等优质企业参展。

(四)展会设计缺乏创新

中东欧特色产品展缺乏展会特色,组织规划还停留在模仿阶段,缺乏凸显自身特色的展会风格,没有鲜明的主题和特色,展品繁杂琐碎,难以给专业客户留下深刻的印象。

(五)受区位交通影响显著

中东欧国家距宁波较远,由于宁波尚未开通通往中东欧国家的直达航班,因此每年举办展会时,参展商都要通过转机的方式往来宁波。另外,宁波国际会议展览中心的地理位置较为偏远,没有通往机场的直达地铁,公共交通工具较少。因为交通十分不便,所以参展商和采购商参会很麻烦,旅途劳顿也影响参展的心情,从而影响了展会的成效。

(六)周边市场竞争激烈

近些年,随着中东欧各国与中国加强市场合作,中东欧的特色商品在宁波的周边城市也有大量销售。浙江省内有义乌的中东欧产品展销中心,省外有上海的中东欧 16 国国家馆、沈阳的中国(辽宁)中东欧 16 国国家馆等,这加剧了中东欧特色商品的市场竞争,削弱了宁波国家级中东欧特色商品展的影响力和参展力度。

四、完善中东欧特色产品展的对策

(一)加紧专业会展人才培养

人才是第一资源。展会能否更好地生存和发展,最终依赖于独特的办展风格、专业的办展经验和有效的团队管理,这体现出人才的重要性。宁波作为中国重要的会展城市,迫切需要一批具有现代专业设计理念、掌握展会专业基本技能方法以及现代管理知识的复合型高层次会展人才。中东欧特色产品展所需要的人才包括语言、公关、展会运营服务、展会工程等方面的人才。其中,具有系统型思维和规划能力的策划者、运营过大型项目展会的经营者、具有国际认证的注册展会经理资格的人才,是中东欧特色产品展最需要的专业复合型人才。人才短缺已经成为制约中东欧特色产品展发展的主要因素之一。未来要广泛招揽会展人才,同时也要对会展人才的数量和质量设立高标准、高要求。

(二)加强展馆配套设施建设

独特的展馆设计是吸引买家眼球的法宝。虽然中东欧特色产品展展馆建设已初具规模,但总体来看,还缺乏长远规划和合理布局,展馆面积较小,区域较为分散,缺乏国际性。展会的一大特点就是周期较短,对时间的要求严格。如果没有良好的配套服务设施,就不能按时地完成布展、撤展的工作。在会展场馆内部规划中,最重要的是人车分流的场内交通系统,设置足够容量的停车场也是不容忽略的问题。此外,在会展业发达的国家,展览中心往往连接地铁站或高速公路,并设有大型停车场,交通十分便捷,相关的服务设施也十分完善。如新加坡国际会展中心,内设新加坡第二大厨房,可同时供1万人用餐;又如在德国汉诺威,会展区的东西南北四个方向都有十几个售票口,还可以网上预订,整个展区均为全通行的机器检票。因此,要对宁波中东欧特色产品展展馆周围加强交通、通信、酒店、餐饮和娱乐等配套设施建设,展馆内要有完善的海关、运输、展台设计、广告、翻译等一系列服务,展馆外应保留大片的绿地和提供休息的地方。这些虽然都是细节问题,但是很能体现会展场馆的现代化高水准服务。

(三)加大展会宣传力度

加强宣传是扩大中东欧特色产品展影响力的有效途径。要以"巡展、推介会等形式,对区域目标客户进行精准的供需对接;要充分利用当地的主流媒体、广告公司、专业出版物,甚至航空杂志等,在展会举办之前进行宣传预热。

(四)加强招商项目预约

招商招展的本质是促进中东欧特色商品快速流入中国市场和加大国际交流。项目的成功对接,是招商招展工作的核心,为此必须做好招商项目预约环节。招商项目预约主要包括3个方面:一是项目信息收集。在招商招展期间,通过新闻媒体征集招商项目,深入研究中东欧国家企业的需求,收集中东欧国家企业发展趋势的信息,并根据现有的展会需求和要求制定计划,精心包装招商项目,使其更具针对性。二是在展会前预约。在招商招展工作正式启动前,要及时与项目合作伙伴进行信息沟通,并在此基础上寻找谈判机会和切入点。三是在招商展示过程中,招商方和项目方需充分了解和掌握彼此需求,探索合适的合作对象;如有必要,组织面对面洽谈,可提高展会项目招商成功率。

参考文献

[1]段小红,伍婵提.中东欧国家特色商品常年展发展的研究[J].中国商论,2016(11):128-134.

[2]苏小莉.“一带一路”倡议下中东欧需求现状分析及中国对策[J].现代管理科学,2018(3):61-63.

[3]谢霞.中东欧博览会:宁波会展经济的强力品牌[J].宁波通讯,2017(15):26-27.

[4]孙琪.中国与中东欧国家经贸合作现状及发展前景研究[J].中国商论,2019(3):99-100.

[5]殷军杰,程言清,高聪.打造地方参与“16+1”合作的宁波样板——以宁波“16+1”经贸合作示范区建设为例[J].浙江经济,2019(11):29-31.

打造地方参与"16＋1合作"的宁波样板
——以宁波"16＋1"经贸合作示范区建设为例

殷军杰　程言清　高　聪[*]

自"16＋1"经贸合作示范区建立以来,宁波充分发挥港口、开放、民营经济等综合优势,把加强与中东欧国家合作作为参与"一带一路"建设的重要突破口,在贸易往来、投资合作、人文交流和机制建设等方面进行了一系列探索和实践,打造了地方参与"16＋1合作"的样板。

2017年11月,《中国—中东欧国家合作布达佩斯纲要》明确提出"支持宁波等城市设立'16＋1'经贸合作示范区"①,这是"16＋1"多边协定中首次明确支持一个城市设立经贸合作示范区。

2018年4月,宁波市政府印发了《"16＋1"经贸合作示范区建设实施方案》,提出了"3362"总体框架。宁波要努力打造中东欧商品进入中国市场、中国与中东欧国家双向投资合作、中国与中东欧国家人文交流的"三个首选之地",重点建设中东欧国家博览会、中国—中东欧国家贸易便利化国检试验区、索非亚中国文化中心"三大平台",实施贸易促进、投资合作、机制合作、互联互通、公共服务、人文交流"六大示范工程",完成推进中东欧商品分销体系建设、建立大型进口商引进和培育机制、探索新兴领域合作机制、加强与中东欧国家跨境电商合作、建设数字"16＋1"经贸促进中心和中东欧青年创业创新中心等

---

* 程言清,男,浙江万里学院物流与电子商务学院副院长,硕士生导师,主要研究方向:物流管理。

① 因为希腊在2019年4月的中国中东欧峰会中已经加入"16＋1"合作机制,该机制遂改名为"17＋1",但本文内容是针对2017年11月至2019年第一季度的示范区建设情况的总结,现仍使用"16＋1"的概念。

20 项重点工作。

自"16＋1"经贸合作示范区建立以来,宁波充分发挥港口、民营经济等综合优势,把加强与中东欧国家合作作为参与"一带一路"建设的重要突破口,在贸易往来、投资合作、人文交流和机制建设等方面进行了一系列的探索和实践,出台了一系列举措,取得了实实在在的成效,打造了地方参与"16＋1合作"的样板,为我国各省市参与"16＋1合作"提供了颇多可借鉴可推广的经验。

一、经贸合作示范区建设成效显著

三大平台作用日益凸显。宁波作为国家"16＋1合作"机制的平台和主要承载地的作用日益凸显。2014 年以来,宁波先后承办了四届中东欧国家博览会、三次中国—中东欧国家经贸促进部长级会议和两届中国—中东欧国家合作论坛。以中东欧国家博览会为核心平台,创建"两园两馆两中心"等系列平台载体,即中东欧工业园(中捷产业园)、中东欧特色贸易物流园、中东欧商品常年馆、中东欧会务馆、中东欧青年创业创新中心和数字"17＋1"经贸促进中心等。其中,中东欧特色商品常年馆已成为全国规模最大、品类最全的中东欧商品展销平台。与此同时,中国—中东欧国家贸易便利化国检试验区作为示范区重要的政策先行平台,其建设进一步得到推进。此外,索非亚中国文化中心作为宁波与中东欧国家重要的文化交流平台,开展了一系列中华文化传播活动,为融入当地市民日常活动,中心积极寻求当地合作伙伴,以制度化的方式确保文化合作顺利开展。

经贸合作日益扩大。2018 年,宁波与中东欧国家进出口总额为 36.96 亿美元,同比增长 26.6％;占全国的 4.5％,占全省的 30.1％。其中,出口额为 31.1 亿美元,同比增长 25.4％,较全国、全省平均增速分别高出 5.8 和 1.7 个百分点;进口额为 5.05 亿美元,同比增长 4.4％,较全国、全省平均增速分别高出 9.8 和 8.0 个百分点。宁波与中东欧国家新增双向投资项目 10 个,其中外商投资项目 8 个,实到外资 419 万美元,对外投资项目 2 个,实际中方投资 413 万美元。

人文交流日益密切。在旅游合作方面,宁波自 2015 年开始连续多年推出

"百团千人游中东欧"活动,共组织上万名游客赴中东欧国家旅游。同时,还连续举办了四届中国(宁波)—中东欧国家旅游合作交流系列活动,活动规模大、层次高、参与面广、组织有序,取得了超出预期的效果,得到了中东欧各国游客的高度评价,既为中东欧国家开拓中国旅游市场搭建了一个有效的平台,也推介了浙江省和宁波城市独特的旅游资源和投资环境,进一步提升了宁波作为现代化港口城市和国际性休闲旅游目的地的形象。在教育合作方面,宁波与78所中东欧院校签署了近100个合作项目,教育合作实现了16个中东欧国家全覆盖,项目平台不断增加、师生流动日益频繁、交流合作更加多元,逐步呈现出全方位、宽领域、多层次的教育对外开放格局。

合作机制日益成熟。宁波为保障"16+1"工作顺利开展,探索建立了一系列体制机制。2015年9月,为促进宁波与中东欧全面合作,统筹协调宁波与中东欧全面合作的事宜,宁波市率先在全国成立了以市长为组长,以分管副市长为副组长,宁波市各县(市)区人民政府、市直及部省属驻甬各单位为成员的宁波市中东欧合作促进领导小组。领导小组下设办公室,办公室设在宁波市商务委。宁波市商务委作为领导小组核心部门,统筹全市与中东欧国家的合作,有效配置资源,协调解决与中东欧国家合作方面存在的突出问题,形成分工明确、各司其职、相互支持、密切合作的工作机制。宁波市商务委成立中东欧处,负责中东欧合作领导小组办公室的日常工作。组建了中东欧博览与合作事务局,专门负责博览会事务与合作。设立了中东欧国家贸易便利化国检试验区和中东欧质检合作办公室。与此同时,慈溪、江北、义乌也设立了相应机构。

二、深入推进经贸合作示范区建设

虽然宁波"16+1"经贸合作示范区建设成效显著,但仍需清醒地看到其存在的问题,如对中东欧国家的了解不够深入、与中东欧国家的贸易便利化水平较低、资讯信息服务体系建设还不健全、地方智库力量薄弱等。此外,从宁波自身发展的角度来看,在城市建设的国际化水平、政府的公共服务水平、市民的国际化素养等方面与成为全国标杆性的"16+1"经贸合作示范区还有一定的差距。针对上述问题,提出以下五点建议。

第一，提升与中东欧国家经贸合作的水平。一是要以建设全国标杆性的"16＋1"经贸合作示范区为契机，加大在农产品贸易、日用消费品贸易、服务贸易、资源开发、制造业投资、科技、人才、工程承包等方面的全方位合作。二是要紧紧抓住建设中国—中东欧贸易便利化国检试验区的机遇，争取更大范围、更多品种的中东欧商品进准入宁波市场；推进检验检疫窗口前移，依法简化检验检疫审批报备手续；扩大中东欧商品进口目录，参照中东欧商品进入欧美发达国家的标准，建立中东欧进口负面清单。三是要充分发挥慈溪中东欧产业园区、中捷国际产业合作园区等产业合作园等载体，吸引中东欧合作项目、产业资本、高端技术和优秀人才进入宁波。四是要充分利用宁波产业优势，积极推动有比较优势的企业"走出去"，通过多种形式开展投资合作。拓展与中东欧国家经贸合作的领域，积极参与中东欧国家基础设施工程建设，加强食品加工、机械制造、化工、环保、信息通信技术等产业和技术领域的合作，深化农林科技领域的合作。五是要创新经贸合作形式，依靠浙江、宁波电子商务的发展优势，加快与中东欧国家进行电子商务合作，建设跨境电子商务产业园区，培育中东欧跨境电商企业。

第二，健全常态化合作与交流机制。一是推动建立友好城市合作关系，把友好城市关系作为开展经贸合作和人文交流的重要纽带。二是积极吸引更多的中东欧国家官方机构落户宁波，提升代表处层级，发挥代表处的作用。三是加强与中东欧国家驻华使领馆以及中国驻中东欧国家使领馆的联络，及时掌握中东欧国家动态。四是发挥华商及其商业网络的优势，帮助宁波企业更快、更好、更便捷地走进中东欧市场。五是加强地方与各个部委的联络，争取参与各部委与中东欧国家间的协调会议。六是保持已建立的"16＋1"合作机制，比如："16＋1"投资促进机构联系机制、"16＋1"交通基础设施合作联合会、"16＋1"联合商会执行机构、"16＋1"农业合作促进联合会、"16＋1"物流合作联合会等，及时跟进最新合作项目动态。七是设立中东欧企业在浙江的商务代理处，积极帮助企业搜集市场信息，寻求投资合作机会，推进项目落实，实现与中东欧国家交流的常态化。

第三，提升与中东欧国家互联互通的水平。充分发挥宁波—舟山港的优势，着力推进与中东欧三海港区的合作和中欧陆海快线建设。加强宁波—舟山港与克罗地亚里耶卡港、斯洛文尼亚科佩尔港、罗马尼亚康斯坦察港和波兰格但斯克港的合作。一是加密港口航运线路。鉴于目前宁波—舟山港与四港之间的航线各只有一条,要积极创造条件增加航线,谋划建设一批综合物流中心,为货物运输提供经济、便捷、高效的服务。二是加强港口管理合作。在增加与四港交流沟通的基础上,着力在港口货源的拓展、港口新技术的运用、港口作业效率的提升和港口人员的交流培训等方面加强合作。三是加强港口战略合作。共同探讨船舶大型化和航运联盟化的航运产业发展态势,谋划宁波—舟山港与四港港口共同发展的战略。波兰格但斯克港和罗马尼亚康斯坦察港都设有自由贸易区,可考虑在这两个港口周边建设保税物流园区,借鉴宁波保税区在建设、管理和运营方面的经验,开展园区合作。四是推动在四个港口所在地建立境外保税仓,作为浙江及我国产品出口中东欧乃至欧洲大陆的中国海外仓。

第四,加强与中东欧国家的人文交流。一是规划建设好索非亚中国文化中心,打造民心相通平台,使中心成为讲好中国(宁波)故事以及中国了解中东欧国家的窗口。二是邀请中东欧国家的文艺团队来宁波进行巡回演出,宁波的文艺团队也要主动走入中东欧国家。三是推进教育领域合作,鼓励合作办学,共建合作平台、研发中心,鼓励师生互换等。四是加强体育交流合作,中东欧一些国家在足球、篮球等领域实力较强,宁波可以与它们一起举办友谊赛事,合作建立培训基地。五是进一步扩大旅游规模,加强对中东欧国家的旅游宣传,进一步推动双方签证、交通的便利化,提升旅游服务的质量。

第五,提升智库水平,构建"16＋1"公共服务体系。一是加强与北京外国语大学等具备语言优势的高校合作,开展中东欧语言人才培养工作。二是发挥宁波中东欧国家合作研究、波兰研究中心等智库平台的优势,汇聚国内外中东欧研究方面的专家团队,打造中东欧智囊团队,组织专家到宁波开展论坛、讲座等。同时,依靠中东欧专业智库深入研究中东欧各国的产业政策、投资重点、法律法规、市场需求和消费习惯。三是成立驻中东欧人才工作联络处,为中东欧高层次人才来宁波创新创业牵线搭桥。四是吸引中东欧华商、中东欧创业者以及国内创业者汇集宁波,打造有中东欧特色的创业基地,切实为创业者搭建平台。五是支持企业选送高层管理人员、一线工作人员到境内外高等院校和有关机构进行实务培训,培养一支通晓国际规则、熟悉当地法律、具有国际视野的复合型跨国经营管理人才队伍。五是编辑印刷中东欧经贸投资指南以及案例库,向有关企业和市、县有关部门免费发放,指导各级各有关部门和企业有针对性地开展投资合作。六是搭建数据与信息平台,为企业提供经贸投资信息查询服务。

参考文献

[1] 刘夏,武靖凯."一带一路"框架下中国与中东欧国家实现经贸"精准合作"探讨[J].对外经贸实务,2018(9):85-88.

[2] 刘鹏飞."一带一路"倡议下中国与中东欧国家经贸关系发展去世探微[J].商场现代化,2018(22):57-58.

[3] 孙琪.中国与中东欧国家合作现状及发展前景研究[J].中国商论,2019(3):99-100.

中国与中东欧国家营商环境分析
——基于中国和中东欧数据库分析

李水陈*

一、前 言

中东欧地区地理位置特殊,地处亚洲与欧洲的交界,无论是通往欧洲的海上航线还是贯穿欧亚的陆路通道,都要经过此地区。中东欧地区是欧洲的门户,也是亚洲与欧洲交流的枢纽。

自东欧国家发生巨变后,中国与中东欧国家经过一番努力,才逐渐理顺彼此之间的关系,双方经贸发展进入稳步提升阶段。特别是 2013 年"一带一路"倡议提出后,中国更加重视与中东欧国家的合作,双方通过构建"16＋1 合作"平台,先后于 2015 年、2016 年、2017 年、2018 年发布了《苏州纲要》《里加纲要》《布达佩斯纲要》和《索非亚纲要》,并与"一带一路"倡议一起,共同促进亚欧互联互通,以及金融、贸易和文化合作。中东欧国家在"一带一路"倡议覆盖的亚欧经济带中,处于连通最发达的欧盟一体化市场和最主要的能源产地的接合部,其东联西通的地缘优势明显。虽然最近几年中国对中东欧国家的投资快速增长,但在对"一带一路"沿线国家的直接投资中,中国对中东欧国家的投资存量占比很小,许多企业对中东欧国家的投资环境不够了解。为此,本文着重介绍中东欧地区的营商环境,为中国企业投资布局中东欧国家提出可行有效的建议。

---

* 李水陈,男,浙江万里学院物流与电子商务学院研究生,主要研究方向:全球采购与供应链管理。

二、营商环境指标简介

营商环境是企业在开设、经营、贸易活动、纳税、关闭及执行合同等方面遵循的政策法规所需要的时间和成本等条件。为了更好地评价营商环境,世界银行在 2001 年提出了一套指标体系,用于衡量和评估各国私营部门的发展环境。从 2003 年开始,世界银行每年都会发布一期《营商环境报告》,帮助监管者评估和衡量国内商业监管环境,截至 2018 年 11 月,世界银行一共发布了 16 期《营商环境报告》,系统地调查分析了 190 个国家(地区)的营商环境,并对这 90 个国家(地区)进行了排名和详细的解读。

《营商环境报告》使用各种指标来衡量每个国家(地区)对国内中小企业的监管法规,并跟踪法规的变化。衡量指标涵盖了企业生命周期的 10 个领域:开办企业、办理施工许可、获得电力、登记财产、获得信贷、纳税、跨境贸易、执行合同、办理破产、保护投资者。营商便利度的综合排名就是根据这 10 个领域综合计算得出的。经过近 20 年的不断发展与完善,形成了包括 11 项一级指标、43 项二级指标的科学评价体系(见表1),这是目前国际上普遍适用的营商环境评价体系。《营商环境报告》还会跟踪记录各个经济体在营商环境衡量的 10 个商业监管领域所做出的改革活动,以便人们了解各国家(地区)的政府是如何实时监管营商环境的改善,而且就这些改革活动是否对营商环境的改善做出客观的评价。

表 1　世界银行营商环境指标体系

一级指标	二级指标
开办企业	时间、环节、费用、最低注册成本
办理施工许可证	时间、环节、费用、建筑质量控制指数
获得电力	入网时间、环节、费用、供电稳定性与收费透明度
登记财产	时间、环节、费用、用地管控系统质量
获得信贷	动产抵押法律指数、信用信息系统质量
纳税	次数、时间、总税率、税务实务流程指数(增值税退税申报时间、退税到账时间、审计申报、完成时间)

一级指标	二级指标
跨境贸易	出口报关单审查时间、审查费用、出口通关时间、通关费用、进口报关单审查时间、审查费用、进口通关时间、通关费用
执行合同	解决商业纠纷的时间、成本,司法程序的质量指数
办理破产	回收率、破产法律框架的保护指数
保护投资者	就业监管灵活性、工作质量控制灵活性

综合上述指标,世界银行在《营商环境报告》中列出了两个衡量各个国家(地区)的营商环境的衡量标准:营商环境便利度分数和营商便利度排名。营商便利度排名是根据营商环境便利度分数的大小来排列的——得分高的国家(地区)排在前面,得分低的国家(地区)排在后面。以营商环境各指标中表现最好的国家(地区)作为基准,取为 100 分,营商环境便利度分数显示了其他国家在该指标上与基准国家的差距。营商环境便利度可用 0—100 表示,其中 0 代表表现最差,100 代表表现最好。因此,数值越高,表明商业监管环境的效率越高,法律制度越完善。

三、中国营商环境分析

中国是世界上最大的发展中国家,2019 年营商便利度排名为 44 名,营商环境比较好,营商环境便利度分数为 73.64,居世界前列。衡量营商环境的指标大都处于世界领先水平,如执行合同、获得电力、开办企业、登记财产等方面。但由于中国是发展中国家,而且改革开放时间尚短,市场经济制度和私营部门的发展状况还不算完善,或多或少存在一些问题,如办理施工许可证、纳税等方面。

健全的营商法规对建立富有活力的私营部门有着至关重要的作用,而富有活力的私营部门对整个社会经济的发展又起着促进作用。由此可知,完善的营商法规和相关制度是经济健康运行的重要保障。为了降低监管复杂性和成本,加强法律法规,提高改善中国的营商环境,政府机关在开办企业、办理施工许可证、获得电力、登记财产、保护投资者、纳税、跨境贸易等方面对一些相关法规和制度进行了调整，具体措施如表2所示。

表 2　中国 2017—2018 年所制定的改善措施

指标	改善措施
开办企业	引入或改进网上办理程序
办理施工许可证	缩短处理许可证申请时间，简化程序，采用新建筑条例，提高透明度，减少费用，引进或改进一站式服务，引进或改进电子平台或网上服务
获得电力	简化审批程序，减少连接成本
登记财产	减少登记财产的时间，提高行政效率
纳税	引进或加强电子系统，减少劳动税和强制性排款，或其他在利润和劳动以外的税，简化税务合规程序或减少报税和缴税数量，合并或免除税项
跨境贸易	引进或改进出口文件的电子提交和处理，引入或改进电子提交和处理进口文件，加大边境基础设施的出口，加强进口边境基础设施建设，加强进出口海关管理和检查
保护投资者	扩大股东在公司管理中的作用，加快股东行动中的信息获取速度

由表2可以看出，中国尽管是一个发展中国家，市场经济制度和私营部门发展还不完善，但中国政府一直在采取积极有效的改善措施，进行改革，以提高整体的营商环境。在营商环境衡量指标排名较后的办理施工许可证和纳税方面采取了多条措施，多管齐下，提高指标得分。同时也注重加强得分较高的指标项，如开办企业、获得电力和登记财产等。为了顺应时代发展潮流，响应"一带一路"倡议，中国在跨境贸易方面也实施了很多有效的措施，用以简化跨境贸易进出口程序，加强进出口边境基础设施的建设，提高贸易通关的效率。在中国政府的积极引导下，中国 2017—2018 年营商环境较上一调查年有了显著提高，营商环境便利度分数上涨了 8.64 分，营商环境得到了极大提高。

四、中东欧国家营商环境分析

中东欧国家大都是经济比较发达的国家，整体营商环境比较好，营商环境便利度分数较高,营商便利度排名大都处于世界前列,具体排名如表 3 所示。

表 3　中东欧各国营商环境便利度排名

排名	经济体	营商便利度分数
10	马其顿	81.55
14	立陶宛	80.83
16	爱沙尼亚	80.50
19	拉脱维亚	79.59
33	波兰	76.95
35	捷克	76.10
40	斯洛文尼亚	75.61
42	斯洛伐克	75.17
48	塞尔维亚	73.49
50	黑山	72.73
52	罗马尼亚	72.30
53	匈牙利	72.28
58	克罗地亚	71.40
59	保加利亚	71.24
63	阿尔巴尼亚	69.51
89	波黑	63.82

营商环境的好坏与经济发展水平有较大的关系,两者相辅相成,相互促进。从表 3 可知,中东欧国家的营商环境总体都高于世界平均水平,说明总的来看,中东欧国家的营商环境是有利于经济发展的。虽然中东欧国家整体营商环境便利度排名较靠前,但在营商环境各衡量指标上还是有不少项得分较低,低于世界平均水平,有较大的提升空间。具体排名如表 4 所示。

表 4　中东欧国家营商环境各衡量指标排名

国家	指标									
	开办企业	办理施工许可证	获得电力	登记财产	获得信贷	纳税	跨境贸易	执行合同	办理破产	保护投资者
马其顿国	47	13	57	46	12	7	31	29	37	30
立陶宛	31	7	26	3	44	38	18	19	7	85
爱沙尼亚	15	14	46	6	44	83	14	17	13	47
拉脱维亚	24	56	53	25	12	51	13	26	20	54
波兰	121	40	58	41	32	57	69	1	53	25
捷克	115	156	10	33	44	72	45	1	99	15
斯洛文尼亚	38	120	23	56	112	30	41	1	110	9
斯洛伐克	127	143	47	9	44	95	48	1	47	42
塞尔维亚	40	11	104	55	60	83	79	23	65	49
黑山	90	75	134	76	12	57	68	47	44	43
罗马尼亚	111	146	154	44	22	64	49	1	17	52
匈牙利	82	110	122	30	110	5	30	1	22	65
克罗地亚	123	159	61	51	85	38	89	1	25	59
保加利亚	99	37	147	67	60	33	92	21	42	56
阿尔巴尼亚	50	151	140	98	44	26	122	24	98	39
波黑	183	167	130	99	60	72	139	37	75	37

从表 4 可以看出,中东欧国家营商环境各衡量指标发展很不均衡,虽然总体营商环境较好,但是营商环境的各个方面发展很不均衡。营商环境中每一个方面的缺失都有可能影响企业的发展,阻碍民营经济的发展,从而对整体经济的发展形成重要的阻碍。比如,克罗地亚的跨境贸易非常便利,得到了满分100 分,排名第一,但是在办理施工许可证方面只有 55.70 分,排在第 159 名。在这样的环境下,一些做跨境贸易的企业虽说很想在克罗地亚发展,但是由于很难办理施工许可证,只好选择相邻但容易办理施工许可证的国家发展,会影响企业积极性。

由于中东欧国家的地理位置特殊,处于亚欧大陆交界处,是连通欧盟与亚洲的枢纽,因此该地区国家的跨境贸易得分都很高,位于调查经济体的前列。但是受该地区政治、环境和自然资源等方面的影响,其在开办企业、办理施工许可证、获得电力等方面的评分普遍偏低,极大地限制了新企业的创办以及外国资本的投资,影响该地区经济的发展。为了改善营商环境,促进经济发展,在 2017—2018 年整个调查年中,中东欧地区有 11 个国家制定了有利于改善营商环境的改革。表 5 展示了中东欧国家所做的改革,其中"√"表示有利于营商环境的改革,"×"表示不利于营商环境的改革。

表 5　2017—2018 年中东欧国家在营商环境方面的改革

国家	营商环境便利度分数变化	开办企业	办理施工许可证	获得电力	登记财产	获得信贷	纳税	跨境贸易	执行合同	办理破产	保护投资者
马其顿	+0.32		√								
立陶宛	+0.29						√	√			√
拉脱维亚	+0.33				×						
波兰	−0.36						×		√		
斯洛文尼亚	+0.02	×							√		
斯洛伐克	+0.29								√		
塞尔维亚	+0.17		√								
罗马尼亚	−0.53	×									
匈牙利	+0.34			√							
克罗地亚	+0.11				√						
阿尔巴尼亚	+0.5									√	

五、总　结

由上述内容可以知道,中国与中东欧国家的营商环境便利度得分都较高,排在世界前列,有助于民营经济的发展。虽说大都是发展中国家,市场经济制度和私营部门的发展还不是完善,但是各国政府都在积极努力制定政策,进行改革,用来改善营商环境,促进经济发展。

六、投资建议

中东欧地区总体营商环境良好,但是中国企业在中东欧地区投资容易受到投资渠道、投资项目选择等因素的限制,仍存在不稳定性。因此提出以下几点建议。

(一)做好前期调研,全面了解投资国相关法律法规

中国企业在赴中东欧地区投资前,要认真做好可行性调查研究。首先,要对投资国直接投资的相关法律法规和政策条例进行非常详细的了解,为企业在投资国开展业务打下扎实基础。例如,各行业投资准入要求、投资建设中所需设备的进口标准、外商投资在投资国报税要求等。其次,要明确投资国投资注册的法人形式、流程、主管部门和鼓励政策。最后,应对解决商务纠纷的主要政策和适用法律需全面掌握。为充分保护自身投资权益,防范和降低投资风险,建议中国企业聘请本土律师事务所协助处理投资相关事务。

(二)了解行业现状,对目标投资项目进行条件筛选

企业在赴中东欧地区投资前,要结合自身的市场定位和当地相关产业的投资情况,对投资内容进行条件筛选,选择适合企业发展的投资项目。在2015年11月发布的《中国—中东欧国家合作中期规划》中,互联互通是合作发展的重点。2016年11月在里加召开的五次"16＋1"领导人会晤期间,中国—中东欧基金成立,同样重点关注基础设施建设。因此中国企业可以投资与互联互通有关的行业。

(三)科学规范管理,有计划地推进企业本土化转变

企业在投资过程中,要科学规范投资行为,做好项目成本核算。考虑到国内人员薪资成本及签证问题,企业可与投资国本国劳动力市场开展合作,雇佣和培养本土员工,逐步实现劳动用工本地化管理,从而降低劳动力成本。此外,对于首次在中东欧地区开展投资的企业,为避免陌生投资环境带来的负面

影响,可以采用收购的形式,与投资国企业就技术研发、产业结构优化、品牌竞争力等方面开展合作,帮助企业尽快实现本土化转变,并以中东欧市场为依托,进一步开拓欧洲业务。

参考文献

[1]李安渝,王婷.2019年世界银行营商环境报告解读及启示[J].中国市场监管研究,2018(12):65-68,79.

[2]崔卫杰,李泽昆.中国与中东欧贸易合作:现状、问题与建议[J].国际经济合作,2018(11):43-46.

[3]刘夏,武靖凯."一带一路"框架下中国与中东欧国家实现经贸"精准合作"探讨[J].对外经贸实务,2018(9):85-88.

[4]祁欣,杨超,张丹,等.中塞经贸合作的领域、风险及建议[J].国际经济合作,2018(8):73-77.

[5]杨超,祁欣,王志芳,等.罗马尼亚产业投资环境与合作潜力[J].国际经济合作,2018(7):72-76.

[6]林青,程其其."一带一路"倡议下中东欧五国投资环境及策略[J].重庆交通大学学报(社会科学版),2018,18(1):100-104.

基于"16＋1"经贸合作的农产品贸易趋势预测及优化政策研究

王　婷*

一、背景与意义

中东欧地区连接亚欧,中东欧国家的战略地位日益凸显。另外,在农业方面,中东欧部分地区自然条件优越,农业基础扎实,在政策、技术、产品、投资等方面具有不同的优势,与中国的农产品贸易有着巨大的发展潜力。

中国在近几年积极寻求与中东欧国家在农产品方面的合作,中东欧各国政府也积极欢迎中国相关部门与企业对其农业的投资和经贸合作。其中标志性的事件是成立中国与中东欧国家合作秘书处。2012 年,中国—中东欧国家领导人会晤机制建立,农业合作论坛被正式纳入总体框架之下。随着国家层面合作的不断深化,以及与"一带一路"的深度对接,中国—中东欧国家农业合作机制日益成熟,迸发出蓬勃活力。

"16＋1"合作机制提出后,涌现了很多关于中东欧 16 国贸易的研究成果。于军就中国与中东欧间的合作机制问题展开了研究。龙海雯、施本值基于产品和市场,认为中国及中东欧国家有不同的竞争优势。弗斯特、梁卿站在捷克的角度,论述了捷克与中国的贸易关系。彭恰、厄勒-欣卡伊、王永磊讨论了罗马尼亚与中国在中东欧关系发展中的经验。在"16＋1"经贸合作前,关于中东

* 王婷,女,浙江万里学院物流与电子商务学院研究生,主要研究方向:全球采购与供应链管理。

欧研究的成果也层出不穷。高歌从国家转型和加入欧盟这两方面，列举了针对中东欧的研究成果。尚宇红对中国与中东欧国家的商品贸易结构进行了深入分析。杨丽华针对中国与中东欧国家服务贸易的合作问题进行了研究与分析。然而，针对中国与中东欧16国的农产品贸易方面的研究成果偏少，对于农产品贸易的趋势研究，也多采用引力模型，其他模型的应用很少。张海森、谢杰根据历年的统计数据，利用引力模型指出了中国与中东欧国家农产品贸易方面的问题。李丹、夏秋、周宏同样利用引力模型，以中国与中东欧国家为研究对象，对其农产品贸易潜力进行研究。在"16＋1"经贸合作的背景下，中国与中东欧16国的合作更加紧密。现有研究较多集中在中国与中东欧国家的经贸关系上，涉及农产品贸易的研究较少，另外，一些研究缺乏整体研究的角度，已不适用于目前的合作情况，也无法反映新的问题。

二、灰色预测模型的构建

本文的研究目标是预测中国与中东欧16国间农产品贸易的未来发展趋势，利用中国与贸易对象国间的农产品贸易数据建立数据模型，预测其未来发展变化，并控制误差，使其尽可能准确。最终根据测算出的发展趋势，结合"16＋1"经贸合作现状，为中国与中东欧国家农产品贸易的优化调整提出战略性建议。灰色预测法符合本文的研究目的，并且适用于本文使用的数据资料。将中国与中东欧国家的农产品贸易额看作是一个灰色过程，应用灰色预测模型来预测中国与各国农产品贸易额的发展趋势。在建模过程中，按预测步骤建立微分方程，从而抵消掉大部分的测量随机误差，使数据具有一定的规律性。再利用逼近的曲线概括成具体的数学公式，对预测生成的值进行整理概括，得到中国与中东欧16国的农产品贸易发展趋势。

中国与中东欧16国的农产品进出口贸易额通过UNCOMTRADE数据库整理得到，具体数据如表1所示。本文利用的联合国国际贸易数据库在世界范围内都具有较高的参考价值。

表 1　2001—2016 年中国与中东欧国家农产品贸易额　　单位:百万美元

年份	出口额	进口额
2001	167.9	56.6
2002	223.1	27.5
2003	359.4	37.8
2004	327.5	30.1
2005	347.0	36.2
2006	402.1	41.3
2007	526.6	40.1
2008	650.8	42.3
2009	492.6	41.4
2010	587.0	74.3
2011	690.9	108.6
2012	602.1	148.4
2013	624.5	292.3
2014	649.3	422.3
2015	600.9	407.4
2016	569.4	388.7

(一)GM(1,1)灰色预测模型

GM(1,1)模型是灰色系统理论中应用最广泛的一种灰色动态预测模型,该模型由一个单变量的一阶构成。它主要用于复杂系统某一主导因素特征值的拟合和预测,以揭示主导因素变化规律和未来发展变化态势。GM(1,1)灰色预测模型不需要很多数据,能解决历史数据少、序列的完整性问题;能利用微分方程来充分挖掘系统的本质,精度高;能用无规律的原始数据生成得到规律性较强的生成序列,运算简便,易于检验。

由于灰色 GM(1,1) 预测模型运算得出的数据具有单调性,所以灰色预测模型比较适合对单调平滑的数据进行模拟预测。模型表达式为:

$$\frac{dx^{(1)}}{dt} + ax^{(1)} = u$$

其中,a 和 u 分别表示发展灰数和内生控制灰数。

首先,我们需要确定数据是否适用灰色预测模型,对原始数据进行平滑性检验(级比分析)。因为原始数据级比不合格,因此对数据进行平移变换。经过试算确定数据变换的公式为:

$$X^{[i]} = X^{[i]} + O$$

级比计算公式为:

$$R[k] = \frac{x^{[k-1]}}{x^{[i]}}(k = 2, 3, \cdots n)$$

级比有效范围($e^{(\frac{-2}{n+1})}$,$e^{(\frac{2}{n+1})}$),即(0.88901.248)。

平移后计算级比为:{0.9549,0.8997,1.0240,0.9855,0.9607,0.9184,0.9248,1.1060,0.9405,0.9836,1.0554,0.9862,0.9850,1.0302,1.0201,平移后满足级比条件,满足建立 GM(1,1)灰色预测模型的条件。

GM(1,1)灰色预测模型的建立过程如下。

1. 原始数据列

本文中,中国与中东欧国家 2001—2016 年的农产品进出口贸易额为模型的原始数据。以下过程以出口贸易额为例,进口方面,只需将数据替换即可。

2. 做一次累加生成(AGO)

对数据进行一次累加计算,累加序列计算式为:

$$X_i^{(1)} = \sum_{k=1}^{i} X_k^{[(0)]}, \quad i = 1, 2, 3, \cdots, n$$

通过 matlab 运算可得一次累加结果如表 2 所示。

表 2　1-AGO 累加生成　　　　　　　　　　　　单位:百万美元

序号	X(0)	X(1)
1	1167.9	167.9
2	1223.1	2391.0
3	1359.4	3750.4
4	1327.5	5077.9

序号	$X(0)$	$X(1)$
5	1347.0	6424.9
6	1402.1	7827.0
7	1526.6	9353.6
8	1650.8	11004.4
9	1492.6	12497.0
10	1587.0	14084.0
11	1690.9	15774.9
12	1602.1	17377.0
13	1624.5	19001.5
14	1649.3	20650.8
15	1600.9	22251.7
16	1569.4	23821.1

3.构造累加矩阵 B 和常数向量 Yn 系数矩阵 B

$$B=\begin{vmatrix} -\frac{1}{2}\left[X^{(1)}(1)+X^{(1)(2)}\right] \\ -\frac{1}{2}\left[X^{(1)}(2)+X^{(1)(3)}\right] \\ -\frac{1}{2}\left[X^{(1)}(3)+X^{(1)(4)}\right] \\ -\frac{1}{2}\left[X^{(1)}(n-1)+X^{(1)(n)}\right] \end{vmatrix}$$

系数矩阵 Yn 为

$$Yn=\begin{vmatrix} x^{(0)}(2) \\ x^{(0)}(3) \\ \cdots \\ x^{(0)}(n) \end{vmatrix}$$

累加矩阵和常数向量的运算结果如表 3 所示。

表 3　矩阵运算

序号	B	Yn
1	-1779.5	1223.1
2	-3070.7	1359.4
3	-4414.1	1327.5
4	-5751.4	1347.0
5	-7125.9	1402.1
6	-8590.3	1526.6
7	-10179.0	1650.8
8	-11750.7	1492.6
9	-13290.5	1587.0
10	-14929.5	1690.9
11	-16576.0	1602.1
12	-18189.3	1624.5
13	-19826.2	1649.3
14	-21451.3	1600.9
15	-23036.4	1569.4

4. 求参数列,计算模型的参数

$$\begin{vmatrix} a \\ u \end{vmatrix} = (B^T B)^{-1} B^T Yn$$

其中,B^T 为矩阵 B 的转置矩阵,$(B^T B^{-1})$ 为 $(B^T B)$ 的逆矩阵。通过矩阵运算得到预测模型的系数 a 和 u。通过计算得系数 $a = -0.017026$。系数 $u = 1305.940678$。

5. 灰色预测模型 GM(1,1) 累加值的算术表达式

$$\hat{x}^{(1)}(k+1) = (x^{(0)}(1) - \frac{u}{a}) e^{-ak} + \frac{u}{a}$$

6. 预测值 $\hat{x}^{(0)}(k+1)$ 的算术表达式

$$\hat{x}^{(0)}(1) = \hat{x}^{(0)}$$

$$\hat{x}^{(0)}(k+1) = \hat{x}^{(1)}(k+1) - \hat{x}^{(1)}(k) = (1-e^a)(\hat{x}^{(0)}(1) - \frac{u}{a}) e^{-ak}, \quad k = 0,1,2,\cdots$$

(二)预测模型精度检验

1. 残差检验

残差检验精度等级通过平均相对误差值 q 的大小进行划分,平均相对误差越小,则该模型的精度越大。共分四级:$0 \leqslant q \leqslant 0.01$ 为一级,表示精度很高,该模型非常适用;$0.01 < q \leqslant 0.05$ 为二级,表示精度较高;$0.05 < q \leqslant 0.10$ 为三级,表示精度一般,该模型适合;$0.10 < q \leqslant 0.20$ 为四级,表示精度不是很高,但是模型也适合。如果 $q > 0.20$,则该模型不适合。平均相对误差值 q 的计算公式如下:

$$q = \frac{1}{n} \sum_{i=1}^{n} | (X^{(0)}(i) - \hat{X}^{(0)}(i))/X^{(0)}(i) |, \quad (i = 1, 2, 3, \cdots, n)$$

灰色预测模型 GM(1,1)残差分析结果如表 4 所示。

表 4　灰色预测模型 GM(1,1)残差分析

实测值	拟合值	残差	相对误差
1167.9	1167.9	0.0	0.0000
1223.1	1337.2	−114.1	0.0933
1359.4	1360.1	−0.7	0.0005
1327.5	1383.5	−56.0	0.0422
1347.0	1407.3	−60.3	0.0447
1402.1	1431.4	−29.3	0.0209
1526.6	1456.0	70.6	0.0462
1650.8	1481.0	169.8	0.1029
1492.6	1506.4	−13.8	0.0093
1587.0	1532.3	54.7	0.0345
1690.9	1558.6	132.3	0.0782
1602.1	1585.4	16.7	0.0104
1624.5	1612.6	11.9	0.0073
1649.3	1640.3	9.0	0.0055
1600.9	1668.5	−67.6	0.0422
1569.4	1697.1	−127.7	0.0814

通过对 GM(1,1)灰色预测模型的残差检验,得到的平均相对误差结果为0.0387。残差检验精度等级为二级,精度较高。

2.后验差检验

首先计算原始数据的均方差 $S1$,残差的均方差 $S2$,后验差比值 $C = S2/S1$:

$$S_1 = \sqrt{\frac{\sum\limits_{i=1}^{n}(X^{(0)})i - \overline{X}^{(0)})^2}{(n-1)}}, \quad S_2 = \sqrt{\frac{\sum\limits_{i=1}^{n}(e_i - PE)^2}{(n-1)}}$$

因此,

$$C = \sqrt{\frac{\sum\limits_{i=1}^{n}(e_i - PE)^2}{\sum\limits_{i=1}^{n}(X^{(0)}i - \overline{X}^{(0)})^2}}$$

其中,残差 $ei = X(0)(k) - \hat{X}(0)(k)$,残差均值 $PE = \frac{1}{n}\sum\limits_{i=1}^{n}e_i$,原始数据的

均值 $\hat{X}^{(0)} = \frac{1}{n}\sum\limits_{i=1}^{n}X^{(0)}i$。

小误差概率 $P = p\{|ei - PE| < 0.6745 * S1\}$,即残差与残差均值的差值的绝对值小于 0.6745 倍原始数据均方差的概率。小误差概率 P 的值越大,则表明模型越优。若 $P > 0.95$,说明预测精度高,$P \leq 0.70$,则模型精度不达标,模型需要进一步修正;后验差比值 c 越小越好,如果 $c \geq 0.65$,则模型检验不达标。在检验达到标准后,才可以进行预测。GM(1,1)灰色预测精度检验等级标准如表 5 所示。

表 5　GM(1,1)灰色预测精度检验等级标准

精度等级	检验指标	
	P	C
好	>0.95	<0.35
合格	>0.80	<0.50
勉强	>0.70	<0.65
不合格	≤0.70	≥0.65

由上文数据可计算出中国与中东欧国家农产品贸易预测值的后验差比

率,即均方差比值,该值也可以由 matlab 灰色预测模型程序直接实现,可得结果为:$C=0.49$。可知本文所使用的 matlab 灰色预测模型精度符合数据准确性的要求。

综上两种检验可知,本文所使用的灰色预测模型是可行的,其预测结果可以用来作为本文的论证依据。

三、中国与中东欧 16 国农产品贸易趋势预测及分析

(一)农产品出口趋势预测结果分析

上文中已对灰色预测方法做出了详细解释,得到的中国与中东欧 16 国农产品出口贸易额预测结果如表 6 所示。

表 6　2001—2016 年中国与中东欧 16 国农产品出口贸易额

单位:百万美元

年份	实际值	预测值
2001	167.90	167.90
2002	223.10	337.20
2003	359.40	360.10
2004	327.50	383.50
2005	347.00	407.30
2006	402.10	431.40
2007	526.60	456.00
2008	650.80	481.00
2009	492.60	506.40
2010	587.00	532.30
2011	690.90	558.60
2012	602.10	585.40
2013	624.50	612.60
2014	649.30	640.30
2015	600.90	668.50
2016	569.40	697.10

为了更直观地观察及分析数据,利用软件将上述数据变为了折线图,如图
1所示。

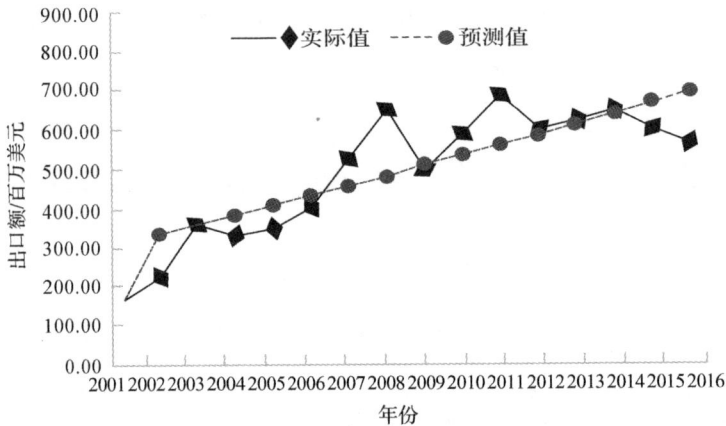

图 1   中国与中东欧 16 国农产品贸易出口额

由图 1 可知,中国与中东欧 16 国间的农产品贸易出口额整体呈上升趋
势。虽然在有些年份,实际贸易额有所下滑,但从已有的数据及预测数据来
看,随着"16+1"经贸合作的加强,中东欧各国对中国农产品的贸易需求进一
步增加,农产品贸易额有较大的上升空间。

(二)农产品进口趋势预测结果分析

本文通过"16+1"经贸合作中农产品贸易数据,利用灰色预测模型对其发
展趋势做出较为精确的预测,由此分析中国与中东欧各国的农产品贸易发展
前景。灰色预测具体操作过程和中国与中东欧 16 国农产品出口贸易研究类
似,利用 matlab 预测模型和程序,可得中国中东欧 16 国 2001—2016 年的进
口贸易额预测结果(见表 7)。

表7 2001—2016 年中国与中东欧 16 国农产品进口贸易额

单位:百万美元

年份	实际值	预测值
2001	56.60	56.60
2002	27.50	−62.00
2003	37.80	−34.50
2004	30.10	−6.70
2005	36.20	21.50
2006	41.30	50.10
2007	40.10	79.10
2008	42.30	108.50
2009	41.40	138.40
2010	74.30	168.60
2011	108.60	199.30
2012	148.40	230.50
2013	292.30	262.00
2014	422.30	294.00
2015	407.40	326.50
2016	388.70	359.40

为了更直观地观察、分析数据,同样,利用软件将上述数据变为了折线图,如图 2 所示。

与出口额预测值相比,在"16+1"经贸合作中,中国农产品进口贸易情况与出口并不相同。无论是进口还是出口,农产品贸易额都呈现出稳步上升的态势,这表明中国一系列政策以及中国与中东欧国家的"16+1"经贸合作促进了双方农产品贸易的发展,也为中国与中东欧各国的农产品贸易带来了更多机遇。

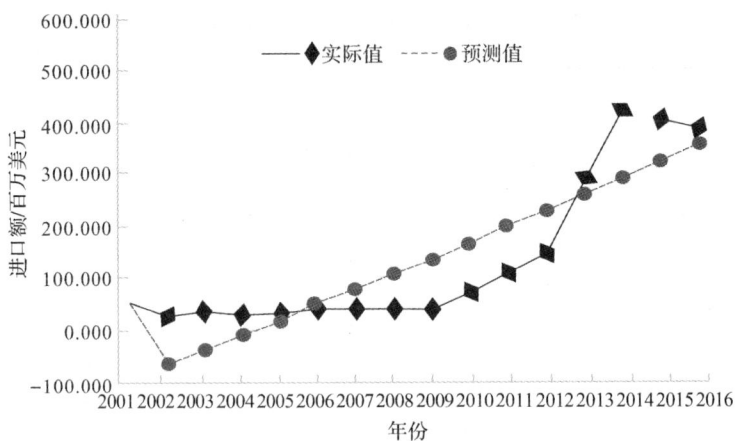

图 2　中国与中东欧 16 国农产品贸易进口额

四、对策建议

在"16＋1"经贸合作的基础上,中东欧国家的战略地位不断上升,研究中国与中东欧国家的农产品贸易情况具有重要意义。本文通过构建灰色预测模型,对中国与中东欧 16 国的农产品贸易趋势进行预测。现提出以下对策建议。

(一)调整农产品贸易结构,加强农业领域的合作

目前,中国与中东欧国家的农产品贸易结构不平衡,中国需改善这种状况,积极寻求新的农业合作方案,优化与中东欧 16 国的农产品贸易结构。中国应丰富进口品种,增加竞争优势较大的产品进口,而中东欧各国在贸易合作中应进一步发挥各自的优势,不断探索合作。中国在突出与重点国家波兰、捷克等的合作基础上,要善于抓住其他中东欧国家的特点,进一步拓宽中东欧的农产品市场。

(二)重视农业出口,提高农产品竞争力

中国传统农业优势明显,加上本身的强大国力,使得中国在与中东欧国家

的农产品贸易上拥有绝对优势。中国需重视农产品出口,从多方面提高农产品的竞争力。一是推动农业发展,注重农业的经济效益,注重具有竞争优势的产业,整合不同资源,优化农产品的产业布局。二是努力提升农业科技水平,引进农业高新技术,对传统农业技术进行升级改造,在扩大出口的基础上,提高出口产品的附加值。鼓励农业相关企业加大自身优势。三是着力提高出口农产品的质量,加快与国际标准的融合,特别注重欧盟标准,建立和完善各种质量检验标准体系,避免由于不遵守规定,破坏中国与中东欧国家建立的良好的农产品贸易关系。

(三)合理科学规划,增加农产品贸易的互补性

与资源禀赋差异带来的强大互补性相比,中国与中东欧国家之间的农产品贸易效率较低,因此中国与中东欧国家应加强双方农业贸易的互补性。一是重视和加强与中国互补性较大的中欧东欧国家的农产品合作。二是在加强培育中国农产品比较优势的基础上,重点选择具有较大互补性和综合效益的农产品合作,深化产业内合作,充分发挥双方特色。利用双方的互补性,提高贸易效率。

(四)改善贸易环境,挖掘农产品贸易的潜力

中国与中东欧国家需结合不同的贸易影响因素,不断改善农产品贸易环境,积极挖掘双方的贸易潜力,以应对国际多变的市场环境。一是要提高贸易自由度,在现有贸易的基础上,进一步降低各种关税和非关税壁垒。二是加强信息的有效交换,建立并完善农产品合作的相关信息平台。三是要增加基础设施建设,确保农产品可以快速有效地运输出去,充分发挥中国及中东欧国家特有的农业资源,努力降低双方农产品的贸易成本。四是要加强中国与中东欧各国的交流,使各国真正了解"16+1"经贸合作与"一带一路"倡议的内涵,抓住机遇,促进双方贸易互动。

(五)推进合作平台搭建,丰富双方农业合作的内涵

随着"16+1"经贸合作的不断深入,中国与中东欧国家的农业合作呈现良

好的态势,中国与中东欧各国应抓住发展机遇,不断丰富双方的农业合作内涵。一是基于中国与中东欧国家现有的合作机制,推动各国的友好共识转化为切实成果,搭建并不断完善农业合作平台。二是加强对国内相关企业的扶持力度,对于有发展潜力的相关企业,在资金、技术及配套政策方法方面给予更多支持。三是做好对农产品企业的培训及教育,在与各国展开农产品贸易的同时,遵守各类规则和相关惯例,避免贸易摩擦,注重中国企业的形象,努力提高自身的综合实力和竞争力。四是要发挥产业凝聚力,发挥农产品的优势,结合多种渠道,如互联网销售等,扩大农产品的需求,促进中国与中东欧 16 国的农产品贸易得到更好的发展。

参考文献

[1]于军.中国—中东欧国家合作机制现状与完善路径[J].国际问题究,2015(2):112-126.

[2]龙海雯,施本植.中国与中东欧国家贸易竞争性、互补性及贸易潜力研究——以"一带一路"为背景[J].广西社会科学,2016(2):78-84.

[3]弗斯特,梁卿.中国在中东欧:"1+16"与捷克经验[J].国际社会科学杂志(中文版),2016(2):82,90.

[4]彭恰,厄勒-欣卡伊,王永磊.罗马尼亚——中国与中东欧关系的战略伙伴[J].国际社会科学杂志(中文版),2016,33(2):7,12,91-103.

[5]高歌.中东欧研究:国家转型与加入欧盟——第一届中国—中东欧论坛综述[J].俄罗斯东欧中亚研究,2011(6):83-86.

[6]尚宇红.2001—2011 年中国与中东欧国家货物贸易结构分析[J].俄罗斯中亚东欧市场,2013(1):80,87,127,128.

[7]杨丽华.中国与中东欧国家服务贸易合作前景分析[J].俄罗斯中亚东欧市场,2012(10):41-47.

[8]张海森,谢杰.中国—东欧农产品贸易:基于引力模型的实证研究[J].中国农村经济,2008(10):45-53.

[9]李丹,夏秋,周宏."一带一路"背景下中国与中东欧国家农产品贸易潜力研究——基于随机前沿引力模型的实证分析[J].新疆农垦经济,2016(6):24-32.

文化篇

"一带一路"倡议下宁波教育对外开放的机遇与对策

殷军杰　徐侠民　高　聪

一、发展现状

(一)以互学互鉴为新路径,"一带一路"教育合作亮点纷呈

宁波精心谋划"一带一路"国家职业教育合作试验园区,组建成立了"一带一路"产教协同联盟和丝绸之路商学院联盟,联合培养"一带一路"建设高技能人才、商贸人才等。建立了海上丝绸之路研究院、宁波中东欧国家合作研究院等智库。

(二)以资源引进为突破口,国际优质科教资源稳步集聚

宁波建成了全国第一所中外合作的宁波诺丁汉大学,与麻省理工学院共建宁波供应链创新学院,建成了宁波大学—昂热大学联合学院、宁波 TAFE 学院、中英时尚与设计学院等中外合作机构和项目近 40 个。扎实推进科研国际合作,建成了宁波诺丁汉国际海洋经济技术研究院、海洋生物医药创新引智基地等,累计引进国际高端外专人才近 100 名。

(三)以机制创新为抓手,国际合作机制建设成效显著

近年来,宁波与美国、英国、德国、新西兰、中东欧国家累计举办了 40 余场次双边、多边交流活动,促成项目 300 余项,宁波院校与全球 1000 余所院校建

立了合作关系;深化与驻华使领馆的深度合作,引进了雅思官方考点、学转英超足球教师培训项目、职教繁荣基金项目、法语特色班等项目。

(四)以多元载体为基础,中外人文交流百花齐放

宁波成为全国第二家中外师生文化交流项目基地,承办了多个国家中外人文交流机制项目;连续 11 年开展赴澳大利亚汉语志愿者项目,选派了 10 批 82 人赴澳开展汉语教学,当地 20000 余名学生受益,在马达加斯加、冰岛以及格林纳达设立了孔子学院和课堂,在宁波诺丁汉大学设立了国内首个孔子学院。打造了宁波国际大学生节等中外文化交流品牌项目,每年吸引了 3000 多名国际学生体验与交流。

二、发展新机遇

(一)参与"一带一路"建设,抢抓新一轮教育国际化机遇

"一带一路"沿线各国教育特色鲜明、资源丰富、互补性强、合作空间巨大。2016 年 7 月,教育部发布的《推进共建"一带一路"教育行动》提出了教育政策沟通、教育合作渠道畅通、沿线国家语言互通、沿线国家民心相通、学历学位认证标准连通等"教育行动五通",并实施"丝绸之路"留学、合作办学、师资培训、人才联合培养等四大推进计划。这些可使宁波优先在教学仪器走出去、海外科教基地、双向留学、学位互认、合作办学等领域对接"一带一路"沿线国家,特别是与宁波有合作基础的中东欧、港澳台、西北非等地区。

(二)投身"教育强国"建设,争做中国教育走向世界的先行者

2015 年,《统筹推进世界一流大学和一流学科建设总体方案》明确将"推进国际交流合作,切实提高我国高等教育的国际竞争力和话语权"作为五项改革任务之一。这为新时期宁波教育加快对外开放的步伐,以中东欧国家等为主要合作区域,扩大师生、教材双向交流,推动境内外多层次合作办学,加快布局孔子学院,以及可率先在东南亚地区开设具有宁波特色、中国智慧的阳明学堂

等指明了新方向、新路径。

(三)践行新发展理念,在推进教育国际化、现代化中实现共赢发展

坚持创新、协调、绿色、开放、共享的新发展理念,是推动我国教育成功走进"一带一路"沿线国家,也是促进我国教育国际化、现代化的重要保障。这为宁波建设"一带一路"教育试验区、创建多边教育合作机制、创新国际化人才培养模式等教育国际化、现代化举措提供了共商、共建、共赢的实践机会。

(四)把握新全球化趋势,在区域协同发展中开拓教育合作新空间

新一轮全球化正推动着知识、信息、技术、资金等优质资源更加频繁地跨国、跨地区流动,教育资源要素更加迅捷地在全球范围内寻求最优配置,尤其是在文化相近、语言相似的区域间表现尤为突出。这为宁波发挥自身区位与资源优势,吸引全球知名大学在宁波建设分校或校区、开展互联网全球教学,以及联合全球优质教育资源等方面创造了更广阔的合作空间。

三、对策建议

中国教育国际化正逐步由"西学东渐"转向"东学西渐"。宁波教育对外开放在新时代走在前列,行稳致远,谋在当下。

(一)顶层设计,谋划教育对外开放的"宁波方案"

立足国家战略高度,服务宁波发展大局,顶层设计,系统谋划宁波市未来一段时期内教育对外开放方略,制定宁波教育对外开放战略,编制"宁波市教育现代化 2035""宁波市教育对外开放改革发展战略 2015""宁波市'一带一路'教育行动计划"和"宁波市'一带一路'国家职业教育合作综合试验区行动计划"等。结合宁波优势和特色,规划打造"教育国际名城"。

(二)深化改革,探索教育对外开放的"宁波模式"

完善宁波教育国际合作与交流综合改革试验区建设,在教育国际化重点

领域开展先行先试,形成宁波教育国际合作的新途径、新模式,探索一系列可复制、可借鉴的经验模式,以教育对外开放促进本土教育改革创新和内涵建设,创新治理模式,提升治理水平,打造教育对外开放的"宁波模式"。培养和引进国际管理模式和团队,打造一批国际化教学与管理团队;联合打造具有国际影响力的教育智库,服务本土教育改革与创新发展。

(三)聚才汇智,打造聚集国际化人才的"宁波富地"

围绕"国际港口名城、东方文明之都"建设,国家"中国制造2025"试点示范城市、国家保险创新综合试验区、国家跨境电商试验区等平台建设的需求,深入实施"名校名院名所名人"培育和引进工程,通过"111计划""3315计划"引进国际高层次人才和研发团队,培育一支国际化教师队伍;设立宁波市"一带一路"教育人才培养基金,优先鼓励和支持联合开展应用型小语种专业人才培养,抢占小语种人才培养高地;探索与驻华使领馆、友城、友校等合作招收获奖学金学生的新模式,重点吸引中东欧国家等地留学生来宁波留学;加强来华留学生教育教学质量监测与评估工作。

(四)智慧互联,共建"教育网上丝绸之路"

充分发挥互联网、AI、5G等新技术在教育国际化方面的作用,探索"互联网+学习"的新途径、新方法,共同打造"教育网上丝绸之路"。依托丝绸之路商学院联盟、"一带一路"产教协同联盟等多边组织,制定国际标准,开发共同认可的在线开放课程,打造"一带一路"援外培训网络平台;依托宁波—中东欧国家教育合作的优势资源,探索分类分步推进与"一带一路"沿线国家共建"智慧教育"的网络平台和国际理解教育网络平台,探索建设宁波"一带一路"互联网大学。

参考文献

[1]杨杰."一带一路"对我国高校教育的机遇和挑战[J].教育教学论坛,2018(1):213-214.

[2]林国雄.现代开放教育的学习模式[J].高教探索,2002(1):77-80.

[3]秦天宝,扶怡.德国法学教育的新发展及对我国的启示[J].江苏大学学报,2014(5):62-70.

[4]张宾,蒋瑞芳."互联网＋"背景下教育面临的机遇与挑战[J].课程教育研究,2016(37):6.

基于全域化视角的宁波历史城区内历史文化空间品质提升研究

谢华春　陈青扬　王　蓓[*]

一、引 言

宁波是国务院批准的第二批国家级历史文化名城,其历史可追溯到 7000 年前的河姆渡文化。夏朝,宁波地区被称为"鄞"。唐代长庆年间,宁波城开始建制,称为"明州",市域范围逐步明确,形成了现今宁波老三区城市格局的雏形。现今,宁波历史城区内仍保有大量的国家级、省级、县市级文物保护单位、文物保护点以及各个年代的历史建筑,而这些历史文化遗存是宁波千年历史演变的见证,也是向世界展示其文明的一张张名片。

随着宁波城市现代化建设的日新月异,城区土地变得寸土寸金,其中的历史文化空间受到不断挤压,历史文化遗产也面临着生存压力。如何保护这些历史文化遗产,如何让其能够伴随着宁波城市的发展脚步可持续地发展,是一个亟待探讨的课题。

---

　* 谢华春,男,浙江万里学院设计艺术与建筑学院实验中心主任,教授,主要研究方向:风景园林文化。陈青扬,男,浙江万里学院设计艺术与建筑学院讲师,主要研究方向:建筑文化。王蓓,女,浙江万里学院设计艺术与建筑学院讲师,主要研究方向:建筑文化。

二、概念解读

(一)"全域化"概念

"全域化"的概念来源于全域旅游思想。全域旅游,是指将一个区域作为旅游目的地来建设和运作,通过对旅游资源、相关产业、体制机制、生态环境等因素全方位、系统化的优化提升,从而达到有机整合区域资源、推动产业融合发展、共建共享社会环境的一种新的区域协调发展理念和模式。

在全域旅游的体系中,依托区域观光旅游的场景,将全社会和与之服务的各行各业都融入其中,可让全城居民共同参与,尽可能地调动当地旅游吸引要素,为游客提供全方位的旅游体验,提升当地整体的旅游服务品质。

(二)"全域化"的表现

不同于传统旅游业,"全域化"在全域旅游思想中主要指物质空间层面的"全城化",参与者层面的"全民化",以及产业层面的"全域化"。

全城化,指在空间上,打破传统旅游中景区、景点的观念,将旅游的空间扩展到整个城市中来,将城市建设与旅游业发展相结合。既要提升本地居民的生活环境品质,也要满足游客对旅游的体验需求,同时还要一并提升城市的整体形象。

全民化,指在旅游服务者上,打破景区工作人员的局限,提倡全民参与,让全民了解本地旅游特色并参与到旅游服务中,进而享受本地旅游带来的效益,使本地特色与本地文化"活"起来,使游客真正得到体验感与参与感。

全域化,指在产业发展上,打破"就旅游谈旅游"的单一视角,而以"旅游+"的思路将旅游业与全域范围内的相关产业结合起来,以提升旅游品牌的核心竞争力。另外,通过促进旅游业的发展,可提升本地品牌的市场知名度,扩大产业影响力。

总体来说,"全域化"的发展思路,就是充分整合区域内的各种资源,形成多元化的产业发展动力,全面促进旅游目的发展。

三、宁波历史城区内历史文化空间的现状

历史文化空间,指承载着一个城市或地区的历史资源的物质空间,例如历史街区、历史地段、历史村落、历史古迹等。

(一)历史文化空间的分布情况

1.历史资源点

历史资源点,包含现存的和已消失的历史资源点。现存历史资源点主要指各文物保护点、文物保护单位和历史建筑等。宁波历史城区范围内现存多个重要的历史资源点,其中国家级文物保护单位 8 个,省级文物保护单位 17 个,市、县(市)区级文物保护单位 31 个,文物保护点 80 个,以及几十处历史建筑。已消失的历史资源点中,有宁波历史城区的城门旧址、衙署、寺庙、学校和古桥等。这些历史资源点的物质形象虽然已经消失,但是仍以地名、路名、车站名等文化形象存在于市民的记忆中。

2.历史资源片区

历史资源片区,同样包含现存的历史资源片区和已消失的历史资源片区。根据《历史文化名城保护规划》的划定,宁波历史城区范围内现存有历史文化街区 7 处,即月湖历史街区、鼓楼公园路历史街区、郡庙天封塔历史街区、天主教堂外马路历史街区、秀水街街区、伏跗室永寿街街区和郁家巷历史街区。已消失的历史资源片区有江厦街历史片区、孝闻街历史片区。虽然这两个片区中的历史遗存已基本消失,但其曾经是宁波重要的功能街区。

(二)历史文化空间的运营情况

目前宁波历史文化空间中旅游产业的发展形成了一定规模,在业态能级、资源配套、运营方式和水平、国际吸引力等方面取得了一定成效。

宁波历史城区内历史资源的运营主体呈现多样化的特点。历史资源的运营主体有政府(月湖、鼓楼)、文物管理机构(天一阁),还有政府和国有企业共营(江北老外滩)、国有企业单独开发(如南塘老街)等形式。

宁波历史城区的基础配套设施完善。大部分历史资源周边的市政配套设施，如公共交通、住宿餐饮、游客服务、信息平台等能较好地满足使用的需要。

宁波历史城区的历史文化资源的运营方式以封闭的游观式景点为主（天一阁、观宗寺、庆安会馆等），部分采用开放式、具有较强互动参与性的文化体验方式（如鼓楼步行街、南塘老街、老外滩等）。

宁波市政府十分重视宁波城市文化形象的打造，近几年相继提出多个城市形象宣传主题，如"书藏古今，港通天下""在宁波遇见另一个自己""香约宁波"等。

(三)历史文化资源运营中存在的问题

笔者通过实地调研、问卷调查和访谈的方式，收集了宁波市民、外来游客对宁波历史城区内历史文化资源的感受和看法，通过质性分析法，整理出历史文化资源在运营中存在的问题。

历史文化资源分布碎片化。近代大规模的旧城拆迁改造导致历史资源大量消失，留存下的历史资源犹如城市中的一座座孤岛，彼此无法呼应，形成连续的历史脉络。

文化形象不鲜明，与省内其他城市存在同质化现象。宁波在我国的历史文化名城中属于特殊职能类，被单独定义为"历史港口与民居城市"。宁波在历史上被称为"东南都会""浙东佛国"，出现了浙东学派、宁波帮等享誉全国的文商团体。可近些年，宁波城市的文化形象定位却始终摇摆不定，从而导致市民及游客的认同感不足。

历史文化资源的参与性、互动性不强，体验方式较单一。本地市民对历史文化资源的参与度不高，尤其是封闭式的景点。

四、宁波历史城区内历史文化空间品质提升的路径

通过以上对宁波历史城区内历史文化资源现状的梳理和分析发现，宁波历史城区现有历史资源的数量、规模、品牌形象、产品开发程度都不够突出。但宁波城市基础设施、公共服务完善，第二、三产业发达。参考全域旅游目的

地的适用分类,以及全国全域旅游推进会认可的以南京江宁、北京昌平为代表的产业深度融合型全域旅游模式,笔者认为宁波历史城区适合采用"旅游＋"的全域旅游发展模式,以发挥宁波制造业、服务业、文化创意产业、会展业、航运业的优势,推进旅游业与第二、三产业深度融合,打造一批跨界产品和项目,来提升宁波历史城区作为旅游目的地的整体竞争力和吸引力。

(一)"旅游＋N"的全域旅游模式构建

"旅游＋N"模式中的"N",短期看,可以是传统手工艺、文化节日、美食、时尚商品、运动赛事、商贸展会等;从长远来讲,N是文化,是环境,是以旅游带动宁波优秀地方文化的继承、发扬和更新,是以旅游业的可持续发展来谋求人类共同的绿水青山的无限未来。宁波"旅游＋N"的全域模式就是"旅游＋文创＋餐饮＋商贸＋文体＋会展"。

(二)实施策略

1.全地域覆盖策略

打破目前宁波历史城区历史文化资源孤岛式经营的现状,利用城市道路、公园、绿地、公共空间等将碎片化的历史资源串联起来,形成多条主题性的历史文化轴线,进而构建出覆盖全域的历史文化资源网络,使历史文化空间和城市生活空间紧密结合。

在构建历史文化资源网络时,可以结合宁波历史城区的历史发展脉络,围绕这四个主题轴线来打造。

(1)城府建制轴线。明州城建于唐长庆元年,基本奠定了今天宁波历史城区的空间格局。该历史轴线将体现唐代明州城的城心(现中山公园)、主轴(现镇明路、中山路)、城墙(鼓楼)、城隍庙等历史文化资源加以串联,以展现宁波历史城区"一城一廓、子罗双城、丁字轴街、钟鼓相闻、两寺相映"的历史格局。

(2)东港西市轴线。宁波从唐代开始就跻身全国四大名港之列,是南北物资转运的国际海运码头,更是海上丝绸之路的始发港。该历史轴线将三江口、江夏、江北外滩一带的码头遗址、装船厂遗址、天主教堂、庆安会馆、钱业会馆等历史资源串联起来,以展现历史上宁波"海外杂国贾舶交至"的国际化港口形象。

（3）江南水乡轴线。宁波有着典型的江南水乡地理风貌。该历史轴线沿着宁波历史城区纵横交错的内河网络延伸，枝状化连接护城河、日月两湖、各塘河及其桥梁，以及周边的名人故居、历史建筑、传统街巷等历史资源，以展现宁波历史城区"三江六塘河、一湖居其中"的水乡风貌。

（4）浙东文化。宁波历史城区中的浙东文化主要包含藏书文化、浙东学派、佛教文化、商帮文化等，尤以藏书文化和佛教文化最为著名。该轴线将代表藏书文化的天一阁、冯孟颙故居、念书巷，代表佛教文化的天宁寺塔、天封塔、佛教居士林，代表浙东学派的白云庄，代表商帮文化的李镜第故居、新中国邮票设计第一人孙传哲的故居、新中国电影事业奠基人袁牧之故居、麻将发明者陈鱼门的故居等历史资源串联起来，以展现宁波厚重深远的文化积淀。

2.全资源整合策略

借助宁波地区第二、三产业的优势，推动旅游与宁波文化创意、特色餐饮、商贸展会、文化娱乐等产业协同发展。

可通过打造"旅游＋节庆""旅游＋商贸""旅游＋会展""旅游＋文艺""旅游＋赛事"等跨界性旅游产品，来提升旅游品牌的核心竞争力。旅游是城市对外宣传的重要渠道和窗口，旅游带来的人流、物资流、信息流能够提升城市其他产业的品牌知名度，帮助企业招商引资，开拓市场。此外，还需要政府发挥其在社会管理中的引导作用，整合体制机制、政策法规、公共服务等要素资源，提高公共管理效率，保障旅游业及其协同产业的健康发展。

3.全民共享策略

旅游资源应是全民共有的，旅游的发展成果也应该惠及广大人民群众。当前，对于宁波历史城区大部分的历史文化资源，宁波市民的参与度不高。一方面，因为去过了不愿再去，太过熟悉的旅游资源缺乏吸引力；另一方面，也反映出旅游资源的封闭式运营、产品固化等问题。对于像天一阁这样的国家文保单位，在采用封闭管理的同时，也可以借助现代技术，让天一阁走出围墙，贴近市民的生活。还可以打造天一阁这一历史文化品牌，开发与藏书文化相关的综合性文化产品。此外，还要特别关注历史文化产品的推陈出新，积极开发参与式、互动式的文化旅游产品，以增加产品的消费黏性。最后，应鼓励市民积极参与到历史资源的运营中，做历史的讲解员、文化的传播者、产品的设计者、品牌的宣传者，以实现全社会的共建共享，让人民群众伴着城市旅游业发展的步伐，得到真正的实惠。

五、结 语

历史城区承载了丰厚的历史文化信息，在城市建设高速发展的过程中，传承和延续历史文脉、提升历史城区品质任重而道远。本文通过对宁波历史城区内历史文化现状的调研和分析，提出了打造整体化历史文化品牌，实施"旅游＋N"的全域化发展模式，采取全地域覆盖、全资源整合、全社会共建共享等策略，从而达到推进宁波历史城区内历史文化空间品质整体性提升的目的。

参考文献

[1]厉新建,张凌云,崔莉.全域旅游:建设世界一流旅游目的地的理念创新——以北京为例[J].人文地理,2013(3):130-134.

[2]罗文兵.全域旅游的发展背景、本质特征和价值目标解读[N].中国旅游报,2016-09-13.

[3]张馨方.湖北省英山县全域旅游发展模式研究[J].中国环境管理干部学院学报,2017(2):41-44.

[4]沈仲亮,李志刚.五种全域旅游发展模式获肯定[N].中国旅游报,2016-09-12.

"一带一路"背景下宁波越窑青瓷文化转型研究

朱开佩[*]

一、引言

越窑地处浙江宁绍地区,包括宁波、慈溪、余姚、上虞、绍兴一带,宁波鄞县东钱湖地区是越窑青瓷最早的中心产地之一。越窑青瓷有着一千多年的辉煌历史,被称为"母亲瓷",这一切都不是偶然的。鄞县东钱湖地区蕴藏着大量的优质瓷土资源;优越的地理气候环境、丰富的自然资源以及淳朴的民风民俗,都是在自然与人文演变的历史进程中逐步形成的。宁波是中国历史上著名的对外贸易港口,"海域文化"给越窑青瓷增加了许多多元性特征。海上丝绸之路将越窑青瓷源源不断地输送到海内外,早在唐代越窑青瓷就已成为海外输出量最大的商品。唐代、五代正是我国陶瓷发展史上的繁荣阶段,也是越窑青瓷对世界文化做出杰出贡献的高峰时期。

二、传统越窑青瓷的文化影响

传统越窑青瓷在每一个历史时期表现出来的都是一种自我的思想创新与认识。越窑青瓷的对外输出,引导了世界陶瓷工艺的发展。越窑青瓷的历史文化经历了从缓慢的成长期到成熟高峰期,再到衰退期,如今进入复兴期和再

* 朱开佩,女,浙江万里学院设计艺术与建筑学院副教授,主要研究方向:青瓷文化。

生期。越窑青瓷在不同时期的造物思想都得到社会高度认可,历代陶工们通过巧夺天工的作品传达出"器以藏礼""器以载道""文质彬彬"的造物精神,表达出至高的审美境界。在海上陶瓷之路的影响下,传统越窑青瓷的制作水平得到最大化的体现;陶工们通过器物造型和装饰纹样的象征性变化创新使得越窑青瓷大受欢迎,外来文化开放的态度也体现在越窑青瓷上,比如南北朝、唐代出现的莲花瓣纹、卷草纹等,通过刻花、划花、镂雕、堆雕的表现形式融合了外来文化,越窑青瓷更加璀璨夺目。这种随时代需求输出技艺的方式,是传统越窑青瓷兴起的最好途径,成为展现中华民族艺术审美风格的典范。

海上陶瓷之路远达亚洲、非洲近 20 个国家和地区,世界上普遍存在着对中国越窑青瓷的崇拜。在东南亚国家里,输出越窑青瓷最早最多的就是高丽和日本,而后形成了著名的"高丽青瓷";日本的青瓷文化来源于中国唐代的越窑文化,越窑瓷器作为一种崇拜物,成为宗教仪式的祭祀用具和不可替代的日用品。唐代后期越窑青瓷开始被域外长期、大量"仿制",改变了海外地域文化。在唐代、五代,越窑青瓷秘色瓷的烧制成功,为后世的宋代五大名窑提供了技术支撑,也为同属浙江的龙泉青瓷奠定了基础,以致让龙泉青瓷走向世界,获得"雪拉同"的美誉,使其价格远超过黄金,这在世界贸易史上是空前绝后的。

随着现代科技文明、工业生产力与人工智能进程的推进,这类越窑青瓷文化的体验型经济一定会在未来发挥重要作用,其重要性将体现在人们对精神世界的追求中。

三、文化转型的需求

如今国家有意识地通过一系列措施推动对传统文化的保护与传承,第一阶段已初具成效;如今面临第二阶段,需要有选择、针对性地分析市场行情,精准定位。有计划地针对特色艺术品、日用品、纪念品与教育、旅游、网络媒体进行合作,充分利用好社会各方资源。在文化市场需要保护和推广的基础上,现代越窑青瓷产品能否适应市场化需求?要想深度理解"瓷的精神",发现文化特色,借助现代设计方法来丰富和拓展文化的内涵与外延是当务之急。

(一)越窑青瓷内涵的建设

转型期以越窑文化的传承与创新为主线,将越窑青瓷地域产业文化置于中国文化的大背景下,是在文化转型中从形式和思想内容上结合当代发展策略的主要方式,这是对越窑青瓷文化特征性表现形式的创造性运用,是一场悄无声息的生活革命。越窑青瓷内涵建设包括以下几点。

1.造型与审美

随着产业融合发展的需要和人们生活方式的改变,需要更多地与地方企业创新融合,丰富青瓷的品种。宁波是全国小家电制造业特色城市,越窑青瓷可与家用电器和生活日用品结合,设计适合商务办公、家用等不同场景的日用茶具、花插、香器等创新型高价值产品。

2.装饰与工艺

刻划花、堆雕、镂雕技法是越窑文化重要的装饰特点,线条流畅细腻、刻法娴熟,有着极高的装饰性。对传统文化中令人们喜闻乐见的戏曲故事、历史图纹,比如弦纹、水波纹、叶脉纹、方格网纹、忍冬纹、鸟兽纹、莲瓣纹等几何纹样和植物纹样进行提炼,用现代构成艺术重新展示设计,让大众接受;同时应用更多现代时尚元素,通过镂雕、堆雕装饰工艺,使其成为时尚的器物融入现代生活。

3.美学釉色

釉色是青瓷的最大特点,"九秋风露越窑开,夺得千峰翠色来","褐色点彩""青中带黄"等釉饰的美学价值融入大众产业制造,可有效地提高产品的文化附加值。

4.青瓷材料

青瓷日常清洗便利,无毒且环保。青瓷材质的独特性和延展性是其他材料无法替代的,其质感可以增加品质和文化内涵。同时青瓷材质与其他现代材料结合,也是现代设计中惯用的方式,可发挥其特点,展现文化特色。

(二)越窑青瓷转型的途径

近年来,越窑青瓷文化转化方面取得了一系列经验,包括以当代设计观念转化传统样式，以当代青瓷语言转化传统文化元素，以当代设计创意产业转化传统文化产业，以当代品牌设计转化传统代工生产。但越窑青瓷转型的过程中应注意以下几点。

一是培养和提高设计表现能力。与国内外著名陶瓷艺术机构院校合作，培养高水平人才，并在此基础上依据有限的题材去进行无限的转换与创造；让传统越窑青瓷产业与当代设计师、艺术家合作，从而适应当代社会的发展。

二是与先进的制造技术相融合。结合3D打印技术，将烦琐的手工程序逐步科技程序化，提高创作效率。改进传统越窑青瓷复杂的设计与制作工艺，提高越窑青瓷制作效率，为当代青瓷艺术与现代制造业的转型发展提供契机。

三是向全国其他产区学习。与景德镇、唐山、佛山等全国著名产瓷区合作，找出自身问题，凸显自己的特点价值，实现差异化竞争；探索越窑青瓷与现代设计的跨界融合，与家电产业、家居装饰等跨界融合。

四是扩大媒体宣传渠道。宁波特殊的文化环境特征应突出传统越窑青瓷文化与教育、商业的关系。应进一步扩大宣传，使越窑青瓷在增加大众文化修养与艺术素质方面发挥积极的作用。

五是关注文化与地方经济发展的关系。在宁波经济规范化、智慧化发展趋势下走个性化、差异化发展道路。越窑青瓷历来是宁波文明史与经济史的主要内容，当代越窑青瓷文化更应成为宁波当地经济发展的本组成部分。

开放包容、互学互鉴，是历史传承下宁波越窑青瓷文化转型的坚定态度。就文化传播发展模式而言，重在发掘和发挥越窑青瓷文化资源的文化辐射和驱动作用。立足于地域文化，使看似退出了历史舞台的越窑青瓷文化，在现代社会各方面努力下，以新的形式重新被认识，实现新发展。

参考文献

[1]宁波金融志编纂委员会.宁波金融志[M].北京:方志出版社,2006.

[2]韦伯.工业区位论[M].北京:商务印书馆,2000.

[3]明州志编纂委员会.明州县志[M].上海:中华书局,1990.

[4]叶喆民.中国陶瓷史[M].北京:生活·读书·新知三联出版,2011.

[5]林士民.青瓷与越窑[M].上海:上海古籍出版社,1999.

[6]孙海芳.中国越窑青瓷[M].上海:上海古籍出版社,2012.

[7]舒连第,李慧娟.中国造型艺术[M].天津:天津人民美术出版社,2001.

[8]郭继生.中国艺术之特质[M].合肥:黄山书社,2012.

[9]颜娟英.美术与考古(下册)[M].北京:中国大百科全书出版社,2005.

宁波区域物流与文化产业关联性及其协同发展对策研究

龙力见

一、引 言

宁波是历史文化名城,是长三角南翼的经济中心和中国东南沿海重要的港口城市,历史悠久,文化底蕴深厚,物流基础雄厚。"十三五"时期是宁波全面建设现代化国际港口名城、东方文明之都,全面深化改革开放的关键时期,也是深化文化体制改革、实现文化大发展大繁荣、提升文化软实力、基本建成文化强市的重要战略机遇期。在宁波创建"一带一路"建设综合试验区的背景下,宁波港口物流业与文化产业的结合是题中应有之义。

二、宁波区域物流与文化产业现状分析

(一)显著的地域文化资源和地理区位优势

宁波拥有丰富的文化资源,以长江文明、河姆渡文化、越窑青瓷文化、海上丝绸之路文化、宁波商帮文化为脉络。界域内积累下来的历史文化遗存大多属于物流历史文化遗存。比如:河姆渡遗址、上林湖越窑遗址、三江口海上茶路起航地、庆安会馆、镇海口海防遗址等,都有物流贸易的背景,是宁波物流历史的见证。以界域内的阿育王寺、天童寺、保国寺等寺院为例,这些寺院的形

成、发展得益于陆上丝绸之路与海上丝绸之路。佛教传入中国的过程就是一次次物流的过程,属于借助于物流通道完成的精神流动。

(二)深厚的宁波商帮文化

人是文化创造和传播的主体,宁波商帮开拓创新、追求卓越的精神,以及便利的交通运输,使得宁波商帮文化为宁波文化产业的发展提供了丰厚的沃土。鸦片战争后,宁波商帮的先行者们从奉化江、姚江、甬江扬帆起航,为实现实业救国的梦想不懈奋斗,体现了宁波商帮的精神面貌,同时也是宁波文化的积淀。

(三)优越的地理区位以及独具特色的港口物流文化

宁波市地处中国海岸线中段,北临杭州湾,西接绍兴,南靠台州,东北与舟山隔海相望,是长江三角洲南翼的经济中心和浙东交通枢纽,沿海有众多优良港口,有利于贸易运输,货物、人员往来。宁波是一座江海交融、因港而兴的现代国际港口城市。

三、宁波区域物流与文化产业的关联性研究

在东方文明之都建设的背景下,宁波区域物流与文化产业之间的关联性,主要表现在以下几个方面。

(一)宁波区域物流发展为宁波商帮文化奠定了基础

宁波商帮文化的发展就是从物流航运开始的。梁小民对宁波商帮的历史发展进行过具体阐述。宁波商帮形成于明末清初。十大商帮之中,宁波商帮尽管形成时间较晚,但发展历史却相当悠久。早在秦代之前,宁波就有相当发达的集市贸易。两晋南北朝时期,宁波商人就到过青州、徐州,唐宋时期,商船已到过海外。明政府实行海禁政策,宁波也出现了走私和海盗团体,之后转向了国内贸易。清康熙年间,开放海禁,宁波成为对外通商口岸,宁波商帮进一步发展。之后,宁波商人在北京、天津、汉口、上海等地都有很大的发展。鸦片

战争之后,宁波商帮经历了痛苦漫长的转型,由封建商人转变为现代企业家。不得不说,对于宁波商帮文化的发展,物流起到了十分重要的作用,其中以虞洽卿、朱葆三创办的宁绍商轮公司为代表。没有物流航运的支撑,没有宁波港口便利的地理条件,也就没有宁波商帮,没有宁波经济文化的发展。

(二)宁波与"一带一路"沿线国家的文化产业交流离不开物流服务的支持

李康化认为,对"一带一路"沿线国家而言,寻求具有特色的优势产业和优势项目,并以此为突破点带动民族文化产业的发展,契合国际分工的全球贸易体系。由于文化产品是蕴含文化符号与精神价值的物化载体,"一带一路"沿线国家之间的文化产品贸易自然就促进了文化思想的交流。这些文化产品贸易离不开物流服务的支持。物流服务可缩短不同文化之间的空间距离,让"一带一路"沿线国家的文化在物流通道中自由传播。

(三)宁波港口物流文化本身就是文化产业的重要组成部分

历史上宁波因物流而建城,几个建城地点都与物流有关,与物流通道相邻。宁波作为国际著名港口城市,其城市的建设与发展和港口的建设与开发紧紧地联系在一起。宁波港口也是"海上丝绸之路"的重要节点之一,"书藏古今,港通天下"是对宁波最好的诠释。"书"指的是天一阁藏书楼,"港"指的就是宁波港。郑和下西洋开辟的海上丝绸之路就以宁波为起点,这些无不体现着宁波物流文化从古到今的深厚底蕴。然而,随着现代物流业的发展,宁波物流文化并没有受到相应的重视,甚至不为人们所知。因此,应结合宁波文化众多的文化因子,引导物流业重视物流文化建设,深度研究物流业与文化产业之间的关联性,为物流业打造协同发展的文化平台。如早在 2005 年,北京文化创意产业实现增加值 700.4 亿元,占全市 GDP 的 10.2%,2010 年实现增加值 1629.2 亿元,占 GDP 的 12.3%,文化产业已成为仅次于金融业的第二大支柱产业。宁波作为一个经济发展前沿城市,应该积极主动把握良好的发展机遇,进一步促进文化、经济的交融,缩短与文化产业先发城市的差距,努力实现赶超。

苏勇军认为宁波港口不仅是物质空间上的"港口地区",还涉及为城市硬实力做出巨大贡献的"港口经济",更涉及统领城市精神文化、引导城市软实力的"港口文化"。港口文化已成为宁波城市文化的基因与特质,宁波应利用自身的港口优势,深入挖掘港口文化内涵,发展文化创意产业,促进经济社会持续发展,提高城市竞争力。

(四)区域物流的发展与文化创意产业繁荣相辅相成

在城市经济发展的过程中,任何一个产业都不是孤立存在的,而是与其他产业相互影响、相互促进。区域物流与文化产业之间也存在紧密的关联性。一方面,文化产业的发展与繁荣带动了区域物流的发展与繁荣;另一方面,区域物流为文化产业提供了相关的物流业配套服务,实现了区域文化资源及不同产业的合理配置,支撑文化产业的发展。从产业分类来看,物流业与文化产业都属于第三产业,其本身的价值需要通过为其他产业提供相关的服务才能得以实现。传统的物流业因为文化要素的融合而迈向产业链的高端。新兴的文化产业因为物流服务的支撑而加快其前进的步伐。区域物流的发展与文化产业繁荣相辅相成,带动彼此的发展,从而对整个城市经济的繁荣起到了推动作用。反过来,经济发展的同时带动了物流业与文化产业的消费需求。曾超琳、张潜通过对福建文化创意产业与区域物流相关性的研究,提出了区域物流与文化创意产业之间存在十分密切的联系,认为区域物流的发展在促进文化产业繁荣的同时,文化产业的进步也会带动区域物流的发展。

四、宁波区域物流与文化创意产业协调发展的对策研究

虽然宁波区域物流与文化产业之间具有较强的关联性,但是从目前的研究和实际情况来看,两者之间并没有形成很好的对接与协同发展,其中还有很大的发展潜力。宁波除了在发展区域物流和文化产业方面具备众多优势之外,也存在着许多的劣势与不足。因此,要大力发展宁波区域物流与文化产业,借助宁波创建"一带一路"建设综合试验区的契机,发掘物流业与文化产业的关联性,整合现有的资源与条件,协同各方的利益。

（一）发挥政府作用，建立宁波区域物流与文化创意产业协同发展机制

　　宁波区域物流与文化产业作为快速发展的支柱性产业，在不同的发展阶段需要政府发挥不同的引导、服务和协调作用。在政策和法规上，政府应当在优惠政策上对物流业和文化产业给予倾斜，充分发挥宏观调控的作用，引导物流与文化产业之间的协同发展，适度为两者之间协同发展提供便利，以便两大产业之间的融合协同。结合宁波具体的实际情况，借鉴国际上的先进经验和做法，制定一套适合宁波区域物流与文化产业协调发展的策略，比如，建设港口文化产业协会、物流业与文化产业协同发展平台，举办物流与文化产业交流会等。

（二）推动物流基础设施建设，打造文化产业良好发展的环境

　　目前，宁波区域物流发展还很不平衡，物流产业结构还有待优化升级。宁波市中心物流基础设施相对完善，物流服务能力较强，水平较高，文化产业的发展也相对较快。但是宁波城市的发展，不仅仅只涉及中心城区。如果资源要素仅仅在局部范围内流动，那么资源的利用效率会大打折扣。所以有必要建立覆盖面更广、基础设施更完善的物流体系，完善运输、配送等区域物流服务，不仅可节约物流成本，还能让文化资源更好更快地流动，为文化产业提供更加良好的发展环境。

（三）发挥园区集聚效应，建立以港口物流文化为核心的文化创意产业园

　　宁波城市的发展与繁荣与港口息息相关，其深厚的历史文化底蕴无不带有港口的烙印。因此，应围绕港口物流文化，进一步整合优化现有的文化产业集群和聚集区的资源，加快推进具有国际化力影响的港口城市文化创意产业聚集区与示范区建设，通过引进国内、国际知名企业，完善港口物流文化产业链，提升文化创意产业园的核心竞争力。孔建华认为，对于建设中的新兴文化创意产业园区，应大力引进产业关联度高的企业，努力形成规模经济和范围经济，充分发挥产业园区的集聚效应。

　　为此，宁波市需要运用创意理念，重点打造"四大产业聚集区"：（1）中心城

区创意设计产业区。中心城区以发展数字内容、创意设计为原动力,带动文化产业创新发展,提升会展业、文化旅游业等产业的发展水平。(2)东部港口文化创意产业核心区。重点培育与港口文化相关的文化旅游业、文化休闲娱乐业,打造一批融入港口文化的主题景点。(3)南部体验式文化创意旅游区。在南部生态区,建议以发展互动、体验式文化旅游业为导向,打造融合现实与历史、自然与人文的特色文化创意产业。(4)北部港口文化创意体验区。以长江文明的发祥、传承、创新与演进为主线,以河姆渡文化、越窑青瓷文化、海上丝绸之路文化、宁波商帮文化等为脉络,打造文化创意产业旅游品牌。

(四)提供资金保障,建立物流业与文化产业协同发展基金会

随着城市经济不断转型升级,产业之间的融合与发展成为一种趋势。物流业与文化产业跨界协同发展也是重要的发展方式。物流业和文化产业都是对资金需求巨大的"烧钱"行业,需要充裕的资金作为保障。为此,不仅需要政府提供资金和税收等方面的政策支持,还需要大力鼓励民间资本进入到物流业与文化产业。政府的主要任务是融资而不是投资,需要政府牵头设立物流业与文化产业协同发展基金会,以基金会为主体推动物流业与文化产业协同发展。第一,对于符合物流业与文化产业融合发展的企业实行减税、免税、贷款担保、贴息等多种政策。第二,大力推动物流与文化创意企业在创业板上市,一方面,可以通过上市进行融资;另一方面,可以通过上市激励企业做大做强。第三,积极引导社会力量兴办物流业与文化产业融合发展的企业,让民间资本促进相关行业的发展。

参考文献

[1]梁小民.走马看商帮[M].上海:上海书店出版社,2011.

[2]李康化.以文化产业推动"一带一路"沿线国家民心相通[N].第一财经日报,2017-05-02.

[3]苏勇军.港口文化创意产业发展与城市竞争力提升——以宁波市为例[J].经济丛刊,2011(5):16-18.

[4]曾超琳,张潜.福建文化创意产业与区域物流的相关性研究[J].中央民族大学学报(自

然科学版),2014,23(3):92-96.

[5]孔建华.文化经济的融合兴起与北京想象:基于北京文化创意产业集聚区发展的再研究
[J].中国特色社会主义研究,2009(2):93-97.

以"中英双语语言景观"为媒介提升宁波城市国际化形象的路径研究

陈红美[*]

自 2013 年我国提出"一带一路"倡议以来,宁波被列为连接"丝绸之路经济带"和"21 世纪海上丝绸之路"的重要枢纽城市。国际化逐渐成为宁波城市发展的必然取向。

然而,2018 年市人大专题组调研发现,宁波市在文化体验等诸多国际化评价指标方面得分均偏低。其中,国际化语言环境已成为其国际化环境的一个短板。在甬外籍人士表明,宁波市国际化生活环境存在不足。公共场所缺少双语信息,且现有翻译的规范性和准确性不够。为此,笔者试图从语言景观建设的视角提出提升宁波城市国际化形象的有效路径。

一、城市形象与语言景观

城市形象是公众对"城市形体及城市居民素质、民俗习惯、文化气息、服务态度等的感受所形成的城市总体印象"。其中,城市软件形象是城市内在的文化水准和精神文明的体现,如政府形象、公众素质、社会风尚等。

在研究公共场所语言应用的基础上,国外语言学家兰德瑞、布尔里将"语言景观"界定为:"某个属地、地区或城市群的语言景观,由出现在该地理区域

---

* 陈红美,女,浙江万里学院基础学院讲师,主要研究方向:英语教育和翻译学。

内的公共路牌、街道名、商铺招牌以及政府机构的公共标牌语等共同构成。"肖哈密、瓦克斯曼则认为语言景观是"公共空间中出现或陈列的文字"。公共空间的语言景观具有信息功能（informational function）和象征功能（symbolic function），起到标识、提示、限制等作用，是城市软件形象建设的重要组成部分，反映了一个城市的文化内涵和形象。

二、宁波市中英语言景观现状

翻译目的论认为翻译是有目的的行为，目的法则是其最高原则。据此，城市语言景观翻译都应该服务于城市形象的建设。然而，笔者收集的宁波市大量中英双语语料显示，宁波城市语言景观对宁波国际化形象建设贡献不足，主要有以下几个问题。

（一）中译英缺失

调查显示，宁波"中英双语"的语言景观严重不足。一家市三甲医院109条语料中，只有4条有英文翻译；鄞县大道道路指示牌基本以汉语单语或汉语拼音形式出现，如学士路（Xue Shi Lu）、鄞县大道（Yin Xian Da Dao）；市中心的街道名称也多以汉语拼音形式出现，如开明街（Kai Ming Jie）等。这一状况给外籍人士的出行带来了不便。

（二）中译英存在较多错误

一是中式英语。如栎社机场公告语中"通过微信登录"被译为"through WeChat to Log in"，鄞州公园警示语"禁止嬉水"被译为"Forbidding Water"等，均是译者受汉语思维方式影响而生成的错误文本。二是拼写错误。如栎社机场指示语"投诉处理（Complaint Handling）"被写成"Complaint Handing"，宁波博物馆内"儒家传统（Confucian tradition）"被写成"Confucion tradition"等。三是语法错误。如宁波博物馆内"It opened by Mr. Yan from Zhashan and Mr Bao from Sanqiao."译文中语态误用。四是语用错误。"elderly"是委婉用语，意为上了年纪的，the elderly 泛指老人。宁波鄞州公园内标示语"老年角(Corner for the Aged)"可能会引起外籍人士的抵触情绪,建议改成"Corner for the Elderly"。

(三) 中译英缺少规范统一

从收集的语料来看,宁波语言景观中译英规范统一情况不容乐观。一是翻译方法没有规范统一。同一指示语存在着拼音和英译两种标示方法。如鄞州万达广场内指示语"宁南北路(North Ningnan Rd.)""四明中路(Middle Siming Rd.)"等为双语指示牌,但广场以外道路两侧的指示牌却标注了相应的汉语拼音。二是同一提示语的译文不统一。如"小心地滑"在火车站被译为"Beware of Slippery Floor",在栎社机场被译为"Slippery Floor",在天一广场被译为"Caution! Wet Floor"。景点指示语"浙东大竹海"在鄞县大道上有时"Zhedong Bamboo Forest"和"East Zhejiang Bamboo Sea Scenic Area"两个版本。三是中译英大小写不规范。根据《公共服务领域英文译写规范》,公共场所的标示语中英文实词的首字母需要大写,但宁波城市购物广场、主要交通要道等场所的标示语多为小写或只有第一个词的首字母大写。如栎社机场提示语"禁止吸烟(No smoking)"、鄞州公园内标示语"主广场(Main square)"等。

(四)中英语言景观文化传播不够

语言是文化的重要载体,文化传播离不开语言,而一个城市的形象最终取决于城市的文化和文明程度。因此,以语言为载体进行城市形象跨文化传播可持续提升城市的国际化形象。宁波是一座文化底蕴深厚的城市,具有以王阳明、黄宗羲为代表的浙东学术文化,以天一阁为代表的藏书文化,以及以北仑舟山港为代表的港口文化等。然而,纵观宁波城市宣传语、公共标示语、市政府网站语言、历史文化街区语言等,只有宁波市政府官网(ningbo. gov. cn)中设有宁波历史文化专题,并以英语等多种语言进行推介,但介绍都非常简略。而在外籍人士经常出入的交通要道、广场等场所宣传宁波文化的中英语言景观严重不足。宁波城市宣传语"书藏古今,港通天下"至今仍只以中文形式呈现。即使是介绍宁波风土人情的城市墙也只是以中文附上相应汉语拼音的方式呈现。

三、提升宁波城市国际化形象的路径

语言具有城市文化的传播功能和城市形象的建构功能。广大受众正是通过语言获取相关信息，对城市形成总体印象。如今，英语已经基本实现了全球化，在世界 60 多个国家被用作官方或半官方语言，且正如前文所述，以英语为载体的信息能形成国际化定位等，因此，应以"中英语言景观"为媒介提升宁波城市国际化形象。

(一)"自上而下"与"自下而上"相结合建设中英语言景观

由诸如政府、市政、组织或协会等不同级别的公共机构生成的用以命名机构或传播相关信息的这类语言文本被称作"自上而下(top-down)"的语言景观，由个人或公司主体生成的用以传递相关信息的语言文本被称作"自下而上(bottom-up)"的语言景观。宁波无论是"自上而下"还是"自下而上"生成的中英语言景观都严重缺失且不规范。为此，政府应制定相应的语言政策，要求各公共机构实行中英双语政策，同时成立中英翻译专家组，依据《公共服务领域英文译写规范》规范统一宁波市现有中英语料，并创建中英双语平行语料库(bilingual parallel corpus)。

"突出自我(presentation of self)"和"充分理性(good-reasons)"是创建城市语言景观的两大原则。前者强调主体构建语言景观以吸引潜在受众的注意力，呈现有利的自我形象；后者强调潜在受众对语言动机的感知是否充分。个人或公司主体等生成的"自下而上"的语言景观，如商铺名称、品牌说明等都本着这两大原则塑造形象并传递信息。因此，政府应大力宣传以中英双语为媒介提高各商家打造国际化形象的意识，使个人或公司主体积极构建"自下而上"的中英语言景观。

(二)"实体"与"虚拟"公共空间相结合建设中英语言景观

城市语言景观，指的是该城市公共空间所呈现的语言现象，包括实体公共空间中常见的各种指示牌、街道名、提示语等，也包括存在于网络虚拟公共空间的语言景观。宁波应从城市宣传语、标示语、市政府网站语、各新媒体空间语等各个方面建设中英语言景观，以全方位提高宁波国际化形象，打造富有城市文化底蕴的中英双语城市宣传语，提升城市国际知名度；建设具有人文情怀的中英标示语，提高城市的亲和力；在政府网站建设能彰显城市文化特质的中英双语景观，推广宁波城市独特的涉外形象；在诸多新媒体平台上建设集宁波城市生活、旅游、资讯以及历史文化为一体的中英双语公众号、小程序以及各类 App，推动生活环境的国际化，从而提升宁波城市的国际化形象。

（三）"文化自信"与"文化传播"相结合建设中英语言景观

城市文化形象包括市民共同遵守的价值观念、行为规范、风俗习惯等。文化内涵是一个城市国际化定位的重要因素。宁波市政府和市民应充分挖掘自身丰富的文化资源，充分肯定其价值和生命力，树立"城市文化自信"，借助于"实体"和"虚拟"公共空间中中英语言景观，将宁波城市文化推向全世界。为此，建议在宁波伏跗室永寿街等历史文化街区、栎社机场等交通要道，以及天一广场等商业中心设立数字电视、微信公众号或城市文化墙等，以中英语言景观为载体，大力传播宁波独特的城市文化，以塑造国际化形象。

作为一座古老的历史文化名城，宁波正在走向国际舞台。但调查表明，宁波的国际知名度不高，城市形象缺乏明确的辨识度。其中，语言环境是制约宁波国际化的一个重要因素。宁波市政府和民众需要实施"自上而下"与"自下而上"，"实体公共空间"与"虚拟公共空间"以及"文化自信"与"文化传播"相结合的中英双语景观建设，从而从国际化语言环境层面全方位提升宁波的国际化形象。

参考文献

[1]曾倩,曹斌.翻译目的论视域下的公示语翻译[J].湖南科技学院学报,2013(9):178-180.

[2]闫亚平,李胜利.语言景观建设与城市形象[J].石家庄学院学报,2019,21(3):50-54.

[3]冯晓辉.以城市形象提升为导向的石家庄语言景观翻译探讨[J].科技视界,2014(18):30,124.

通道篇

区域一体化构建

——以宁波、浙江、上海海关为例

陈启奖[*]

一、宁波、浙江、上海海关实行协同管理的意义

(一)中国经济发展进入新常态,推进海关创新改革的客观需要

"十三五"时期,世界经济处于国际金融危机之后的深度调整期,主要经济体走势和宏观政策取向分化,全球贸易发展进入低迷期,"逆全球化"倾向抬头,贸易保护主义升温,不稳定、不确定因素增多。我国经济发展的显著特征是进入新常态,面临速度换挡、结构调整、动力转换等新情况。我国出口贸易和参与国际产业分工也面临着新挑战,外贸发展已出现国际产业向我国转移放慢、产业和订单向周边国家转移加快、贸易摩擦增多、企业生产要素成本上升、传统竞争优势下降的趋势,调结构、促转型既是当前外贸稳增长的动力所在,也是外贸长远发展的根本出路。

海关要立足于把好国门的责任,更好地服务经济社会发展,必须坚持稳中求进的工作总基调,遵循认识新常态、适应新常态、引领新常态的大逻辑,探索新常态下发挥海关职能作用的新举措,推进贸易强国进程,促进我国经济向形态更高级、分工更精细、结构更合理的阶段演进。

---

* 陈启奖,男,浙江万里学院物流与电子商务学院研究生,主要研究方向:全球采购与供应链管理。

（二）主动融入国家发展大局，促进《长江三角洲区域一体化发展规划纲要》改革的现实需要

2019 年 5 月 13 日，习近平总书记主持中共中央政治局会议审议《长江三角洲区域一体化发展规划纲要》。会议指出，长三角是我国经济发展最活跃、开放程度最高、创新能力最强的区域之一，在全国经济中具有举足轻重的地位。长三角一体化发展具有极大的区域带动和示范作用，要紧扣"一体化"和"高质量"两个关键，带动整个长江经济带和华东地区发展，形成高质量发展的区域集群。

会议强调，把长三角一体化发展上升为国家战略是党中央做出的重大决策部署。要坚持稳中求进，坚持问题导向，抓住重点和关键。要树立"一体化"意识和"一盘棋"思想，深入推进重点领域一体化建设，强化创新驱动，建设现代化经济体系，提升产业链水平。要有力有序有效推进，统筹协调、细化落实，把《长江三角洲区域一体化发展规划纲要》确定的各项任务分解落实，明确责任主体。这也对海关提出了新的要求，海关必须主动融入国家发展大局，以人民的根本利益为出发点和落脚点，全面提升把关服务能力，加快培育外贸发展的新动能，推动新技术、新产业、新业态蓬勃发展，为经济持续健康发展提供源源不断的内生动力。

（三）整合长三角资源，加强长三角经济带港口群建设的内在需求

长江经济带是我国"十三五"乃至更长时期促进区域协调发展的主要着力点之一。2014 年 5 月，习近平总书记在上海考察期间特别强调要继续完善长三角地区合作协调机制，加强专题合作，拓展合作内容，加强区域规划衔接和前瞻性研究，努力促进长三角地区率先发展、一体化发展。

宁波、浙江、上海海关实行协同管理有利于宁波贯彻落实长三角一体化战略，深入推进长三角区域一体化发展，整合长三角区域的有效资源，为长三角区域成为全国贯彻新发展理念的引领示范区、全球资源配置的亚太门户提供强有力的支持，使之成为具有全球竞争力的世界级城市群。

(四)服务对接长三角区域一体化战略,加快宁波经济社会创新转型发展的迫切需要

宁波作为我国对外开放的重要港口城市和长江三角洲南翼的经济重镇,是推动都市圈同城化发展的重要城市之一,在发展中具有举足轻重的战略地位。但在过去十多年里,宁波变得太少,变得太慢,外部吸引力、外部协同力都不太理想。从港口出发,贸易振兴了,但迟滞于产业更新,落后于技术变革,困顿于县域经济惯性。

宁波应积极主动融入长三角区域一体化,加快经济社会创新转型,优化完善营商环境,以全要素或全维度驱动城市发展,即港口驱动、制造业驱动、市场驱动、金融驱动和人才驱动,打造国际贸易环境最优越的城市。宁波还要以制造为本,发挥"服务"特质,坚持"1+5"的核心内涵,"1"即"一带一路"建设综合试验区重要平台,"5"即国际产能合作平台、数字贸易新平台、国家对外交往平台、国际贸易综合改革平台、国家重大战略任务保障平台,打造具有全球影响力的新型国际贸易中心。

二、宁波、浙江、上海海关协同管理现状与 SWOT 分析

(一)宁波、浙江、上海各港口协同管理现状

1. 宁波—舟山港

宁波—舟山港是全球首个货物吞吐量超 8 亿吨的港口,是上海国际航运中心的重要组成部分,是集装箱运输的干线港。其功能定位是国内外航运枢纽港,全港形成"一港四核"的空间布局,是长三角经济带工业发展的重要中转港口。一方面,宁波—舟山港要提升自己的国际服务水平和货物运输的专业性;另一方面,要争取更多的国内外物资中转,成为全球特大型港口。

2. 浙江省一般港——温州港、台州港、嘉兴港

(1)温州港、台州港。温州港、台州港的功能定位是区域性大宗散货中转港、产业配套港,是东南沿海对台重要港口,并为宁波—舟山港提供集装箱喂

给服务。其中,温州港作为我国沿海主要港口和集装箱支线港,重点对接服务浙西南,并辐射赣东、闽北地区;台州港作为沿海地区性重要港口,依托腹地产业基础,加快建立港口与临港工业联动发展机制,增强服务本地经济发展的能力。

(2)嘉兴港。嘉兴港的定位是宁波—舟山港集装箱喂给港,发挥杭嘉湖地区主要出海口和海河联运的独特优势,对接浙北、苏南、钱塘江中上游、京杭运河沿线等腹地,推进港产城融合发展(见表1)。

表 1　宁波、浙江、上海港口职能分工

港口	港口级别	特色	职能
上海港	重要核心港	国际航运中心,集装箱吞吐量世界第一,地理位置优越	国际贸易,工业品出口,区域原料品输入,集装箱货物集散
宁波—舟山港	次核心港	国际航运中心重要组成部分,集装箱运输干线港	以商品输入集散为主,工业品输出,集装箱货物进出
温州港	重要港口	区域性大宗散货中转港、集装箱支线港	支线集装箱运输,地方商品进出
台州港	重要港口	区域性大宗散货中转港、地区性重要港口	支线集装箱运输,服务地方工业
嘉兴港	重要港口	宁波—舟山港集装箱喂给港	支线集装箱运输

3. 上海港

上海港是现今拥有集装箱航班最密、航线最多、覆盖面最广的世界集装箱第一大港,其功能定位是国际航运中心。2018年,上海港的集装箱年吞吐量达到4201万TEU,持续保持世界第一。从上海港集装箱增长速度上看,上海港持续增长的集装箱运输需求与其码头能力不足的矛盾将会日益凸显,船舶大型化的趋势也对上海港的水深条件、运营效率提出了更高的要求,因此急需加快洋山港区的对外快速通道建设,完善集疏运系统来满足其发展需求。

(二)宁波、浙江、上海海关实行协同管理的 SWOT 分析

1. 宁波、浙江、上海海关协同管理的优势因素

(1)宁波、浙江、上海支持开放型经济发展的能力和水平突出。宁波、浙

江、上海海关贯彻国家战略意图更加主动,参与国家宏观决策的深度和广度明显扩大,在构建对外开放新体制、发展更高层次开放型经济等方面的作用更加明显,在海关国际合作舞台上扮演更重要的角色。海关税收在增加中央财政收入、促进经济平稳运行和提高发展质量效益方面的作用更加积极有效。

(2)宁波、浙江、上海海关业务改革成果丰富。十八届三中全会通过的《中共中央关于全面深化改革若干重大问题的决定》,为宁波、浙江、上海海关全面深化改革指明了方向。同时,党和国家全面深化改革的顶层设计为海关改革与发展提供了全新的机遇和挑战。这些年来,宁波、浙江、上海等地海关通关作业改革从"属地申报,口岸验放"到"属地申报,口岸放行",从"分类通关"到"无纸通关",其管理格局已初步构建完成。依托电子口岸平台在全国口岸建成"单一窗口",跨部门、跨区域的内陆沿海沿边大通关协作机制建设正有效推进。与"一带一路"沿线重要节点国家海关"信息互换、监管互认、执法互助"的共建共赢进展顺利,推动国际物流大通道顺畅有序。

(3)宁波、浙江、上海等地营商环境明显改善。宁波、浙江、上海海关业务制度在全关境以公开透明、规范一致以及可预期的方式逐步实施,宁波、浙江、上海各类市场主体均可获得公平公正、普惠便捷的监管服务,海关服务"双创"的力求精准到位。通关无纸化全程实现,海关"互联网+政务服务"建设全面铺开,行政相对人办理海关业务基本上可通过互联网获得免费的申报或数据传输通道。海关风险管理的业务运行中枢作用得到充分发挥,多元化担保、汇总征税得到推广应用,进出口货物通关时间大幅缩短。全面推进实施 WTO《贸易便利化协定》,海关服务的社会满意度明显提升。

2. 宁波、浙江、上海海关协同管理的劣势因素

(1)缺少国家建立的协调机构。长三角区域一体化缺少一个像京津冀一体化一样,由国家出面建立的协调机构。京津冀一体化可以由外在的、自上而下的政治权力推动,而长三角一体化则更多是内生型一体化,驱动力主要来自市场经济内在的软性需求。所以,相较于京津冀一体化,长三角一体化难以突破行政区划壁垒和体制机制约束,在发生跨区域纠纷时难免会偏袒本区域的企业等。

(2)利益共享机制仍不够明确。长三角地区的利益共享机制仍然不够明

确,例如各省市间的科学数据库、专家库等要素资源,仍然未开放共享。城市间的协调联动也不足,难以发挥城市群的经济效益。在营商环境上,也难以让宁波、浙江、上海的企业享受统一和透明的市场政策。

(3)一体化进入瓶颈期、缓慢推进期、转换期。现阶段,长三角区域一体化发展已经进入瓶颈期、缓慢推进期、转换期。尤其是经济进入转型升级阶段,固有的经济布局和新经济均面临重新调整,怎样进一步深化一体化发展来提高资源配置效率,调整经济布局,释放经济增长的新动能也是一个亟待解决的问题。

3.宁波、浙江、上海海关协同管理的机会因素

(1)新技术、新产业、新业态不断涌现。我国实施创新驱动发展战略,科技创新能力不断增强,商业模式和贸易业态不断创新。外贸新业态层出不穷,跨境电子商务、市场采购贸易、外贸综合服务业快速发展,贸易碎片化加剧,海关现行监管模式仍存在诸多不适应,距离落实"互联网+政务服务"要求、创新海关监管服务还有很大空间,给海关协同管理带来很大的机遇。

(2)"十四五"时期带来全新机遇与挑战。"十四五"时期是我国发展的重要战略机遇期,也是海关实现跨越式发展的窗口期,海关工作必须紧扣全面建成小康社会的目标要求,观大势、谋大局,以新的发展理念为引领,着力在补齐短板、破解难题上下功夫,在服务大局、把好国门上见真章,加快建设中国特色社会主义海关,更好地服务我国经济社会发展。

4.宁波、浙江、上海海关协同管理的威胁因素

传统安全威胁与非传统安全威胁交织。口岸日益成为防控威胁的关键节点,供应链安全问题愈加突出。粮食、冻品走私屡打不绝,固体废物、濒危动植物及其制品非法入境屡禁不止,毒品、武器弹药走私愈演愈烈,超量携带货币、假借贸易渠道逃避金融监管等事情时有发生,核材料及其他放射性物质非法贩运的风险增加等。口岸安全防控能力离党和人民的要求及期望还有较大的差距,把好国门、防好风险的责任更重、压力更大。

根据上述分析,可以得出宁波、浙江、上海海关实行协同管理的SWOT矩阵结构,如表2所示。

表 2　宁波、浙江、上海海关实行协同管理的 SWOT 分析

内部能力 环境因素	优势（strength） （1）宁波、浙江、上海支持开放型经济发展的能力和水平突出 （2）宁波、浙江、上海海关业务改革成果丰富 （3）宁波、浙江、上海等地营商环境明显改善	劣势（weakness） （1）缺少由国家出面建立的协调机构 （2）利益共享机制仍不够明确 （3）一体化进入瓶颈期、缓慢推进期、转换期
机遇（opportunities） （1）新技术、新产业、新业态不断涌现 （2）"十四五"时期带来的全新机遇与挑战	SO 策略 ● 适应新一轮科技革命的孕育诞生，长三角要率先实现创新发展、转型 ● 要积极落实国家重大战略，强化长三角一体化发展，打造引领"一带一路"和长江经济带战略的重要引擎和枢纽平台	WO 策略 ● 长三角要深化一体化发展来提高资源配置效率，释放经济增长的新动能 ● 打破区划限制，推进各地资源优势互补
威胁（threats） 传统安全威胁与非传统安全威胁交织	ST 策略 ● 强化风险管理运作机制，提升分析水平	WT 策略 ● 健全信息搜集和资源共享机制，协同监管作业 ● 加大稽（核）查和打击走私力度，形成监管合力

综上所述，随着这几年海关改革的深化，推进贸易便利化的各项措施基本到位，宁波、浙江、上海的营商环境明显改善。加之，新技术、新产业、新业态的不断涌现，给海关进一步深化改革带来了新的机遇。但是，宁波、浙江、上海海关缺少协调机构，利益共享机制不够明确，也在一定程度上为海关服务长三角一体化带来了问题。所以，海关怎么协同管理，打破现有的区划限制是一个亟待解决的问题。

三、国内外海关协同管理模式借鉴

(一)国外海关协同管理模式借鉴

1.行政管理一体化模式——美国海关、日本海关

该模式是对某区域港口实施统一的管理规划,包括港政、航政、口岸管理等,全部归到一个上层管理部门,如专门成立一个对整体港区进行管理的港务局部门。最典型的是美国纽约—新泽西港口群,由于在早期,纽约港和新泽西港对港口和航道的争夺激烈,没有形成良好的合作规划,影响了两港的发展。1921年,纽约和新泽西两州政府经协商后,组建了跨州的纽约—新泽西港务局,对两州的港口实行协同管理。该模式的优势在于使港口群内各个港口之间形成差异化分工,避免激烈的竞争;有效整合了各个港口的资源、弥补自身的缺陷与不足,提升港口的整体实力和竞争力(见图1)。

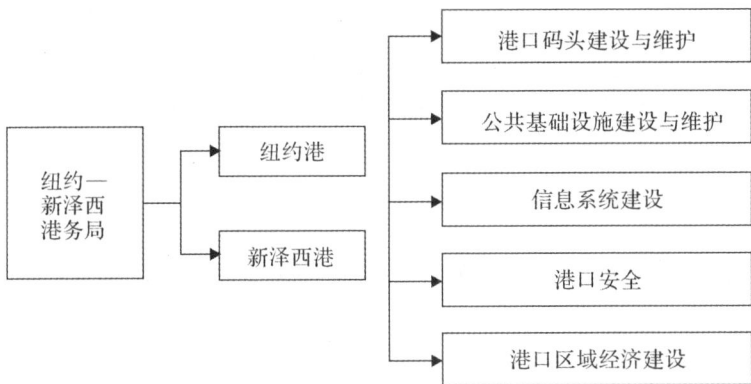

图 1 纽约—新泽西港口群行政管理一体化模式

日本海关也是采取这样的行政管理一体化模式,让港口群内的各个港口协同错位发展,避免港口之间的激烈竞争。如京滨工业带以重工业和化学工业为主,京叶工业带则以炼油和石油工业为主,这样的协同管理模式既极大促进了东京湾地区经济的繁荣,也促进了京滨工业带和京叶工业带的发展(见图2)。但就我国而言,国内很多大型港口都是政企分开,组建自己的港口集团,

政府参与度降低,实行这种模式不太妥当。

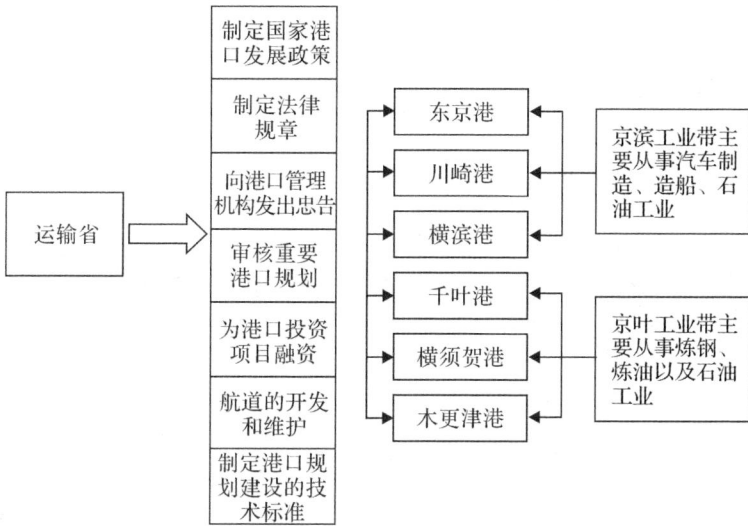

图2 东京湾港口群行政管理一体化模式

2.协会模式——欧洲海关

在该模式中,一些大型的港口企业会相互协商合作,建立一个方便沟通和协调的港口行业协会,该协会不会干预港口的规划管理,而是用立法或者议会的手段对港口的管理进行干预,最典型的就是欧洲海关联盟。欧洲海关联盟的前身为欧洲关税同盟,现今包括了欧盟27个国家的海关当局,其共同职责为通过对边境的管理,确保供应链的整体安全,既承担了社会保护的责任,又肩负着促进国际贸易便利化的重任等。同时,海关还具有以下职责:确保欧洲公民的安全;保证共同体及其成员国的财政利益;确保共同体社会免受非法和不公平贸易的影响,同时促进守法的贸易活动;运用现代化的工作手段,建立电子化信息化的通关环境,以提高欧洲商业贸易的竞争力。欧洲海关联盟在经过长期的整合之后,已经在细化海关政策、规范和简化海关手续、促进欧洲自由贸易和商业发展、服务欧盟各国经济等各个方面具有举足轻重的地位,海关联盟的各项改革措施和现代化发展的进程对欧洲经济的未来有深远的影响(见图3)。

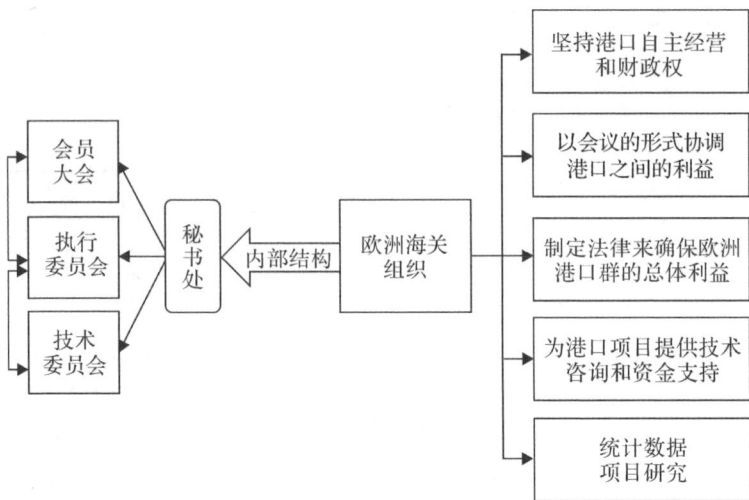

图 3 欧洲海关联盟协会模式

该模式的优势在于：一方面，协调了港口群内各港口之间的竞争，保留了港口自主建设的能力；另一方面，提供了一个可以为各个港口提供技术、资金和政策服务的交互平台，可以较好地协调各个港口的地位。

3.企业资本参与模式

该模式是通过各港口企业之间的资本渗透，运用市场机制来协调各港口之间的利益关系。随着现代化港口的发展，许多大型港口建立和完善了企业法人结构，并逐渐利用外资和民间资本，建立合资公司，一起建设和经营港口。这种模式的优点在于经过市场的调控，能让港口和市场需求之间的关系变得十分紧密，使港口具有更良性的发展，有利于提高港口群整体的竞争力。但是这种模式可能也会导致不同港口企业为了业务竞争，在一个港口内重复建设，造成资源不必要的浪费；同时，为了自身利益的各港口之间的竞争合作，有可能在协调宏观经济利益时相互背离，从而使这种协调方式起到相反的作用。

从以上三种模式可以看出，行政管理一体化模式和协会模式在港口间的直接竞争中的协调能力要优秀于企业资本参与模式，但在协调港口合作竞争与市场需求方面，企业资本参与模式则要优于前两者。所以我们不妨结合这几种模式各自的优点，采用两者相结合的模式进行建设与发展。

(二)国内海关协同管理模式借鉴

1.跨界融合协同治理体系——港珠澳海关

粤港澳大湾区特殊的制度结构,客观上造成了湾区内港澳与内地珠三角之间深度融合发展的制度性约束,增加了港澳与珠三角之间融合发展的制度性交易成本;也决定了粤港澳大湾区港口群协调一体化发展,必须内生化港澳与国际规则接轨的市场化基因,通过制度创新充分降低粤港澳大湾区港口群发展的制度交易成本。特别是要推动内地与港澳港口航运制度的融合创新,构建粤港澳大湾区港口和航运的跨界协同治理体系。一是以战略性的制度创新作为推动粤港澳大湾区港口群优化协调发展的第一动力,建设"零摩擦"的大湾区港口集装箱运输统一市场;二是构建"一国两制"制度下粤港澳大湾区港口群跨界治理的自由港制度;三是适应全球港口区域化和网络化发展大势,建设促进港口群优化协调的包容性、多层次的跨界联合协同治理体系。

2.隶属海关功能化改造——黄埔海关

黄埔海关在隶属海关之间,积极推行功能化改造,着力破解"大而全、小而全"的现状。在黄埔新港海关建立 H986 图像集中研判室,在东莞、开发办、新塘 3 个作业点设立保税监管集中审核作业中心和企业认证中心,在开发办、太平海关成立片区稽查业务中心,由老港、东莞海关的 2 个科室分别承担广州、东莞地区的进出口监测预警分析工作。

在隶属海关内部,简化内勤作业流程,缩减保障部门人员,优化实际监管业务,增强监控分析力量,努力实现内勤作业、综合保障的"此消"和实际监管、监控分析的"彼长"。同时,全面整合现场业务,打造线上"互联网+e 通关"平台和线下新综合业务模式"。

推行功能化改造以来,黄埔海关监管服务效能稳步提升。2016 年 1—11月,该关区进出口 24 小时通关率分别高出全国平均水平 5.59 个百分点和 0.86个百分点;在 2016 年初进行的改革阶段性评估问卷调查中,8 成以上受访企业认为改革后企业通关时间进一步缩短,企业通关成本有效降低,海关执法统一性得到提升。

四、宁波、浙江、上海海关协同管理模式建设

(一)行政管理一体化——建设区域内直属海关关长会议制度

由于宁波、浙江、上海海关是由各个直属海关分管的,很难在整体上有效整合各地的资源,影响了区域内海关整体的管理效能。因此,应建立一个区域内直属海关关长会议制度,统筹管理各地海关,由海关总署副署长管理宁波、浙江、上海海关工作,定期召开区域内直属海关关长会议,宁波、浙江、上海海关关长共商共享,协调区域内矛盾,推进区域内的各种重大合作项目。在区域中,只要是有关宁波、浙江、上海海关合作的项目,都需要经过商讨后才能定夺,意见一致后才能执行合作项目。这样做的目的是,确保足够的领导力和权威性,对三地海关的建设发展进行全局性指导、组织、推动、协调和管理,并负责三地海关规划编制和区域性政策法规的制定、区域重大问题的决策、重大公共设施建设的推动、数据调查统计和权威发布、区域建设资金管理和监督等。

(二)业务运行机制一体化——建设"两中心"

1."两中心"的含义

"两中心"即风险防控中心与税收征管中心,是全国海关通关一体化主体架构的重要组成部分。通过建设通关管理的实体中心,实现全国海关关键业务统一执法、集中指挥,把安全准入、税收征管等方面的风险防控要求以具体指令形式直接下达到现场一线。通过"三制度"("一次申报,分步处置"、税收征管方式、协同监管)为"两中心"协同运作提供保障,确保"两中心"职责分工相对分离,监管时空得以延伸;归类、估价、原产地确定等税收要素审核由集中在通关现场环节扩展至全过程,同时根据新的作业流程实现不同海关做同样的事,配不同的机构和人力,从"百关一面"到"百关多面、百关一体"。

2."两中心"的运行模式

(1)在职责分工上,既有侧重又有联动。风险防控中心整合进出境运输工具舱单、收发货人报关、企业资信等信息和其他执法单位相关信息,重点防控

禁限管制、侵权、品名规格数量伪瞒等安全准入(出)风险;税收征管中心汇总全国各行业企业、各类商品等信息数据,重点防控涉及归类价格、原产地等要素的税收风险。"两中心"建立联动机制,做到信息共用、风险联防联控。

(2)在管理体制上,业务运营和资源配置由海关总署直接管理。业务上,全国海关安全准入和税收风险防控要统一决策,指令直达一线;人事上,由海关总署统一建立干部选拔任用和综合考核机制,按干部管理权限实施管理,机构人员编制挂靠所在地直属海关;财务上,由海关总署统一安排专项预算,由所在地直属海关保障行政、科技、后勤等具体工作。"两中心"可以按照国家相关规定,通过购买社会服务等方式开展工作。

(3)在作业模式上,立足专家智慧并结合机器智能。通过集体分析(专家汇集个人智慧和经验,建立分析框架)、专业研判(构建风险分析模型和规则自动甄别风险,逐步向机器智能判断转变)、协同处置[放行前查验及验估,放行后稽(核)查等]和结果反馈(处置结果反馈至"两中心",不断优化风险分析模型和规则)等四个环节整体联动、循环优化,实现选、查、处分离,不断提升智能化水平和风险防控能力(见图4)。

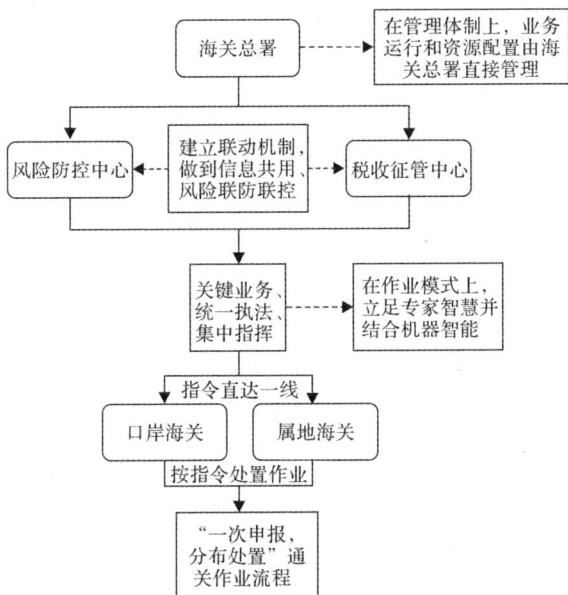

图4 海关通关一体化"两中心"的运行模式

(三)隶属海关差异化——隶属海关功能化建设

1.隶属海关功能类型

根据隶属海关的业务特点、区位优势等实际情况,按照业务布局和监管链条所处的位置,对海关系统隶属海关(范围包括隶属海关、办事处、现场业务处等派出机构,下同)进行功能定位和职责分工,划分为口岸型、属地型、综合型三大类。

(1)口岸型海关。口岸型海关是处在沿海、沿边出入国境的港口、车站、国界孔道,或国际机场、国际邮件互换局(交换站)、国际多式联运监管点上的海关,管辖范围限定为港口、车站、国界孔道、国际机场、国际邮件互换局(交换站)的海关监管区和海关附近沿海沿边规定地区。

(2)属地型海关。属地型海关是处在非沿海、沿边以及非国际机场、国际邮件互换局(交换站)、国际多式联运监管点上的海关,管辖除口岸型海关管辖范围以外的区域。

(3)综合型海关。综合型海关是兼有口岸型海关和属地型海关业务的海关,管辖区域包含口岸型海关和属地型海关的管辖区域。综合型海关分为偏口岸综合型海关和偏属地综合型海关。偏口岸综合型海关一般是口岸型海关兼有属地管理职责,如保税港区海关等。偏属地综合型海关一般是属地型海关兼有口岸通关职责,如特殊监管区域海关和市场采购跨境电商等新型贸易业态所在地海关等。

按照"口岸、属地为主体,综合为例外"的原则,在不增加隶属海关机构数量的前提下,通过隶属海关功能化建设改革,重新界定隶属海关功能类型及承担的职责,尽可能地将目前既承担口岸通关又承担属地管理职责的隶属海关,改造为口岸型海关或属地型海关。口岸型海关所在地没有其他属地型海关的,可负责所在地属地管理职责。同一区域有多个口岸型海关,且没有其他属地型海关的,可确定其中一个各方面条件较好的海关负责属地管理职责。

2.优化整合隶属海关业务资源——以宁波海关为例

在隶属海关功能化分类基础上,充分发挥信息、智能、技术等要素资源的集聚效应,统筹资源配置,优化管理流程,推进统一执法,强化整体功能。各直属海关单位在综合考虑关区内各隶属海关机构设置、管辖范围、地理位置、交通条件、后勤保障等因素的基础上,可根据实际条件采取以下措施:在全关范围或按片区对隶属海关的监管布局、业务模块、业务环节进行集约化管理,通过隶属海关功能化建设改革,由指定隶属海关集中开展相关业务。

例如,宁波海关可以按照隶属海关的业务特点和区位优势,顺应企业供应链和物流运作的规律,着力打造各具特色并错位互补的海关监管业务布局。将位于中心城区、管辖企业众多、业务门类齐全的海关定位为综合型海关,将宁波—舟山港区的海关打造为口岸型海关。强化职能部门业务指导、分析、监督等职责,努力构建统分结合、集约高效、执行到位的事权体系。在此基础上,在关区层面全力推动业务集约化改革:组建二级风险防控中心,实现风险信息、参数、监控、分析、布控、处置等六项职能的集约;建立监控指挥中心,统一负责关区所有监管场所的实时监控;成立监控管理中心,实现对执法领域和非执法领域、海关与缉私、基础工作与改革项目的全方位防护和保障。

(四)口岸管理一体化——推动口岸跨部门执法协作

1.推进"单一窗口"建设

建立口岸工作部际联席会议,承担宁波、浙江、上海电子口岸建设业务指导和综合协调工作,将电子口岸建设成共同的口岸管理共享平台,简化和统一单证格式与数据标准,实现申报人通过"单一窗口"向口岸管理相关部门一次性申报,口岸管理相关部门通过电子口岸平台共享信息数据、实施职能管理,执法结果通过"单一窗口"反馈申报人。由上海市、浙江省人民政府牵头形成"单一窗口"建设协调推进机制,负责推动相关工作的具体落实。

2.全面推进"一站式作业""联合查验、一次放行"等通关新模式

海关、边检、交通运输(陆路)、海事(水路)需要在对同一运输工具进行检查时实施联合登临检查;需要对同一进出口货物查验时,实施联合查验。

3.建立健全信息共享共用机制

建立信息全面交换和数据使用管理办法。依托电子口岸平台,以共享共用为原则,推动口岸管理相关部门各作业系统的横向互联,实现口岸管理相关部门对进出境运输工具、货物、物品(如外币现钞)、人员等申报信息,物流监控

信息、查验信息、放行信息、企业资信信息等全面共享。对有保密要求的信息实行有条件共享。

4. 整合监管设施资源

现有口岸查验场地，应由口岸所在地市级人民政府协调，尽量统筹使用。新设口岸的查验场地要统一规划建设、共享共用。加强口岸基础设施改造，在以人员通关为主的口岸，要为出境入境人员提供充足的候检场地。根据口岸管理相关部门的监管要求和标准，共同研发视频监控、X光机等监管查验设备，并以口岸为单元统一配备。运输工具、货物和行李物品通行的同一通道只配备一套同类别查验装备，各查验部门共同使用。

5. 推动一体化通关管理

强化跨部门、跨地区通关协作，加快推进内陆沿海沿边一体化通关管理，实现在货物进出口岸或申报人所在地海关均可以办理全部报关手续。除特定商品管理需求外，逐步取消许可证件指定报关口岸的管理方式，实现申报人自主选择通关口岸。

五、宁波、浙江、上海海关协同管理的对策建议

(一)建立完善的海关担保制度,提供税收保障

建立事前企业税收担保备案、事中担保额度核扣、事后监控评估的海关担保制度和管理流程，修订完善相关法律法规，制定配套的操作规程和规范，提供税收保全保障，解决自报自缴改革与现行部分法律法规冲突的问题。

(二)动态评判企业信用状况,加强企业管理

落实"由企及物"和"信用管理"理念，贯彻"守信激励、失信惩戒"原则，广泛搜集海关内外部的企业信用信息，建立包含企业纳税信息、通关守法记录的企业信用档案。对备案企业实施动态管理，科学、准确、动态评判企业诚信守法水平并认定企业信用等级，将其作为安全准入处置和税收风险处置的重要依据。

(三)强化风险管理运作机制,提升分析水平

综合分析舱单、报关单等相关电子数据,科学研判安全准入风险;制定与安全准入和税收征管分步处置相配套的风险参数与风险布控运行机制,不断优化风险分析模型,提高风险参数及指令设置水平,提高布控有效性,为实货查验和税收征管提供更加精准的指向性意见。整合海关内外部信息,优化完善风险信息作业系统,组织开展风险信息的转化应用,为风险参数、布控指令、验估、稽(核)查和缉私提供支持。

(四)健全信息搜集和资源共享机制,协同监管作业

建立全员参与、专业研判、科学处置的信息搜集和资源共享机制,加强各类风险数据信息的交流与共享,加强在资源、力量和手段上的互补与强化。同时进一步畅通信息交流共享渠道,提升走私信息与风险分析模型、风险参数、布控指令之间的转化能力,为通关监管作业提供直接支持。

(五)大力推进物流监控体系建设,加强实际监管

规范舱单申报标准,构建对进出境物流实施以舱单为基础底账的全程信息监控模式;大力推进舱单、运输工具等管理系统的推广应用,为舱单数据风险分析和信息收集经营提供基础支持;全面规范监管场所管理,逐步推行智能卡口全国一体化,加大海关与监管场所的联网力度,在加强实际监管的前提下,为货物快速通行创造有利条件。

(六)加大查验技术装备投入,提升查验效能

加大高科技监管查验设备的配备和使用力度,查验现场依托移动查验单兵作业系统及其他科技装备,按照准入查验指令、验估查验指令和作业规范要求实施查验并全程录证。探索建立准入查验与验估查验分类(分层)作业模式,根据新型查验作业模式的需要,强化海关查验的专业化要求,加大查验关员在商品和贸易管制知识、查验技能和现场应急处置能力等方面的培训力度,推动建立一支具有专业验估资质、专项商品和贸易管制知识的查验专家队伍。

进一步优化查验作业流程,积极扩大 H986 设备图像智能辅助分析作业试点,逐步推动机检查验从完全依靠人工图像分析向"智能判别＋人工分析"转变,进一步提升海关查验整体作业效能。

(七)突出税收征管专业优势,提升税收征管水平

结合税收征管中心建设,充分发挥专业优势,推动税收征管要素事中审核向全过程抽查审核转变,着力防范税收"偷逃漏骗",提升税收征管水平。大力推进税收征管作业改革,强化企业如实申报、依法纳税的责任,创新税收担保形式,推广汇总征税模式,取得更大改革成效。

(八)加大稽(核)查和打击走私力度,形成监管合力

通过事前、事中、事后各环节的联动作业,有效执行各项稽(核)查指令;开展重点稽(核)查专项行动;严厉打击走私违法行为。

参考文献

[1]韩振海.欧盟区域发展政策对我国的启示[J].China Economic&Trade Herald,2010(7):43-44.

[2]黄丙志.推进海关协同治理的三层面政策路径[J].海关经贸研究,2015,6(5):69-75.

[3]张润冲,王若愚,李林鸿.全国海关通关一体化背景下各利益主体的博弈分析[J].中国民商,2018(8):222.

[4]童百利,殷宝为."全国海关通关一体化"背景下新版报关单结构分析及新增项目填报[J].对外经贸实务,2018(9):60-62.

[5]范巍.对海关职能转变与管理创新实现形式的探索与思考[J].海关与经贸研究,2014,35(2):31-38.

[6]上海海关课题组.服务经济模式下海关促进上海外贸发展方式转变实证研究[J].上海海关学院学报,2011,32(2):28-35,40.

宁波—舟山港打造国际强港的机遇与对策

王军锋　戴　媛[*]

一、宁波—舟山港打造国际强港的机遇及挑战

(一)宁波—舟山港基本现状

宁波—舟山港经过 40 多年的跨越式发展,货物吞吐量位列全球第一,已具备较强的国际竞争力。2018 年,宁波—舟山港积极融入"一带一路"、长江经济带、浙江自贸区等建设,港口运输生产再上新台阶,全年货物吞吐量再超 10 亿吨,继续保持超 10 亿吨超级大港的地位,全球港口排名实现"十连冠";全年集装箱吞吐量突破 2600 万标准箱,增幅位居全国主要沿海港口首位,在全球前五大港口中仅次于上海港和新加坡港,首次跻身世界港口排名三甲,跃居全国港口第二位。截至 2018 年底,宁波—舟山港已拥有各类航线 246 条,较上年同期增长 3 条,其中干线 120 条,占总航线比例近 50%。此外,海铁联运的迅猛发展为宁波—舟山港扩大集装箱业务版图奠定了坚实基础。经过多年的发展,宁波—舟山港海铁联运业务已成为集装箱吞吐量增长的重要助力。2018 年,宁波—舟山港先后开通了 9 条海铁联运线路,增加已有班列开行频率,开通国内首条双层集装箱海铁联运班列,箱源腹地不断向内陆地区延伸。截至目前,宁波—舟山港月箱量超过 5000 标准箱的海铁联运线路已达 7 条,

　* 王军锋,男,浙江万里学院商学院教授,主要研究方向:港口管理。戴媛,女,中信银行宁波分行高级会计师,主要研究方向:金融学。

其中义乌班列单月业务量已常态化超 1 万标准箱,成为全国最大的海铁联运班列。2018 年,宁波—舟山港共完成海铁联运业务量超 60 万标准箱,同比增长超 50%。

(二)打造国际强港的机遇及挑战

1.资源环境约束的倒逼机制

从资源利用方面看,宁波产业高投入、高消耗、低产出、粗放式的发展模式没有得到根本转变。据统计,宁波市单位建设用地中第二、三产业增加值虽从 2015 年的 2.95 亿元/平方千米上升到 2018 年的 4.31 亿元/平方千米左右,但与深圳、上海等国内先进城市和国际高水平地区相比差距更大。更为紧迫的是,经过开发建设,宁波市在钢铁、造纸、石化等大项目建设上取得实质性突破,但是这些行业能耗水平较高,分别达到 7.6、5.2、2.4 吨标准煤/万元增加值。作为资源小市,这些大项目投产后,必将大幅抬高土地、水、电等资源要素的总体能耗强度。这需要我们在更高层面、以更为长远的目光对产业转型发展进行统筹谋划。同时,顺应经济发展方式的转变,宁波要着力通过港口、城市、产业融合互动,打造国际强港,充分利用港口资源,加快从运输港到贸易物流港转型,从"世界大港"向"国际强港"提升,从而应对资源环境因素给宁波经济社会发展带来的各种负面影响。

2.顺应产业转移的新态势

从国内经济发展看,受要素制约、成本上升和市场开拓等多方面因素影响,早在"十二五"时期,宁波等东部地区已有不少民营经济在中西部地区投资办企业,或参与中西部地区基础设施建设,并且在今后一段时期产业由东部沿海向中西部梯度转移会进一步加速。这需要我们牢牢把握住这些转移产业的研发、设计、营销等价值链和供应链高端环节,强化对产业链的控制能力,否则将可能出现产业"空心化",影响经济社会的可持续发展。从发展现状看,宁波市科技创新能力总体不强,缺少在研发、设计、营销等环节处于价值链高端的大型企业。2018 年全市专利申请量达 32686 件,但是发明专利只有 1802 件,占比为 7.53%。产业梯度转移的本质规律对加快转变发展方式提出紧迫任务。从国际发展环境看,国际产业转移力度继续加大,并呈现出技术、资本密集型产业转移和产业链整体转移的双重趋势,中国沿海地区特别是长三角区域将成为承接国际产业转移的重点区域。这需要我们适应当前国际产业转移新趋势的要求,营造环境,争取在区域竞争中成为新一轮国际产业转移的"洼地"。后危机时代孕育着重大科技创新和新一轮产业革命,新能源、新材料、空间技术和海洋经济等领域成为突破口,世界各国和国内各城市均围绕抢占战略制高点谋划新兴产业发展战略,竞争更趋激烈,需要我们进行统筹谋划,提出宁波市新兴产业的发展方向和重点,为未来发展积极争取。

3. 培育战略性新兴产业的新挑战

后危机时代孕育着重大科技创新和新一轮产业革命,新能源、新材料、空间技术和海洋经济等领域有望成为突破口,宁波—舟山港需要我们进行统筹谋划,为未来发展积极争取,以积极应对国际金融危机。在转变经济发展方式过程中,充分利用港口资源,从运输港到贸易物流港转型,提升现代物流业,发展港口经济和临港经济。宁波—舟山港积极推进融入上海"两个中心"建设,促进上海港、宁波—舟山港"强强联合",提升港口物流发展水平,共同推动国际航运中心建设。针对上述诸多挑战,应借鉴国内外先进港口的发展经验,进一步提高宁波—舟山港的综合实力,在国际竞争中继续保持良好发展态势,充分利用浙江海洋经济示范区有关政策,以"一带一路"建设为重点,以自由贸易试验区和自由贸易港为依托,加快推进宁波—舟山港港城互动,为发展做好文章。

二、宁波—舟山港打造国际强港面临的问题

(一)集装箱吞吐量不够

集装箱吞吐量是衡量一个港口综合竞争力的重要指标,近年来宁波—舟山港集装箱吞吐量快速增长,2018 年达到 2600 万标准箱,但与全球排名第一的上海港还有较大差距。2017 年,上海港集装箱吞吐量突破 4000 万标准箱,2018 年前 11 个月为 3843 万标准箱。集装箱中转量是港口国际化水平和服务能力水平的重要体现,目前集装箱中转箱量占全球港口总箱量的四分之一,而

宁波—舟山港集装箱中转箱量占比还不到 5%。

(二)港口综合服务水平不高

宁波—舟山港的港口综合服务水平排名与其吞吐量不相匹配。在衡量船舶服务效率的一些单项指标上,如平均锚泊时间、港口装卸效率、国际集装箱航线以及集装箱班轮密度等方面,宁波—舟山港和上海港、深圳港相比还有一定差距。服务外贸企业、推进贸易便利化方面还有较大提升空间。近年来,宁波口岸服务效率稳步提高,但也有明显的短板和弱项,特别是进出口货物放行时间不理想。作为反映贸易便利化程度的关键指标之一,目前宁波进出口货物放行时间这一指标与其世界大港的地位不相匹配。

(三)科技投入及配套政策短板明显

在港口建设的科技投入、全自动化码头建设以及信息化管理等方面也存在不足,必须向上海港等先进港口学习。此外,宁波—舟山港在配合口岸部门推进通关一体化和无纸化、取消及降低行政性收费、推进单一窗口等建设方面存在短板;如何把着力点放在提高进口口岸效率、形成与国际接轨的公开透明规范的费用清单、进一步便利单证办理,加快发展诸如汽车滚装码头,为大型设备制造商提供专用公路、铁路等服务,构建便捷的"滚装港口链"等方面也有许多工作要做。

(四)高端航运服务业发展滞后

目前宁波—舟山港已经聚集了航运物流、航运订舱、船舶买卖等一系列服务机构,但诸如航运保险、航运金融等高端服务产业发展明显滞后,还有较大提升空间。航运生态不优、港航服务水平不高已成为制约宁波—舟山港发展的重要因素。如何改变货物大进大出的尴尬,把着力点放在提高港口附加值和含金量,并促进港口、城市与产业的互动发展等方面任重而道远。

三、宁波—舟山港打造国际强港的对策

(一)强化功能,提高港口物流开发开放水平

宁波—舟山港要打造国际强港,除传统的"水水中转、货运代理"等7项基本功能外,重点是做大做强江海联运,加快宁波"一带一路"建设综合试验区和江海联运服务中心建设,进一步推动航运服务业领域市场开放,打造有国际竞争力的航运产业链,发展各要素集聚平台。同时,强化水陆中转、通信、现代综合物流、城市商贸会展以及临港工业开发等功能,在搞好现有集装箱码头建设基础上,构筑大平台,加快实施大湾区建设计划,推动长三角协同创新体系建设,打造一体化公共服务体系,继续推进穿山半岛、大榭岛、梅山岛和象山港深水岸线的开发建设,优化港口布局,完善港口的揽货体系,提高港口物流吞吐能力和拼装能力,抓住国际大型船运公司和港务集团抢滩宁波—舟山港的机遇,加强与国际船运公司合作,创造条件吸引船运公司。充分利用打造"一带一路"核心枢纽城市的有利时机,积极发挥自身优势,提升宁波—舟山港综合竞争力和现代港口整体发展层次。

(二)完善体制机制,改善港口物流发展环境

宁波—舟山港打造国际强港涉及面广,系统性强,关联部门多,外部竞争激烈,面临问题复杂,发展难度大,社会期望高。浙江省委省政府、宁波市委市政府应加大支持力度;各职能部门要通力合作,为改善港口物流和提高通关速度创造良好条件。要进一步完善口岸物流的相关法律法规,争取与国际惯例相衔接;要在加强海关监管,完善口岸各项管理职能的同时,强化服务意识,提高工作效率。创新管理体制,强化港口监管,优化流通配送,推进宁波—舟山港一体化向纵深发展,整合保税区、出口加工区、空港保税区和相对应的港区,加快推动海关、国检、海事等口岸监管服务一体化,探索实行更加特殊的监管制度,给予自贸港区货物、资金、人员流动最充分的自由。利用数字经济、制造业、海洋经济、民营经济等优势,大力发展国际中转、离岸金融、航运服务等业

务。宁波—舟山港要正确处理好与上海港和周边港口的关系,推进与各港口在资本、技术和业务战略上的合作,规划建设一批战略合作平台,协力打造具有国际影响力的世界级城市群和一流湾区;当好大上海的配角和助手,共同开拓国内外腹地资源,努力为长三角更高质量一体化发展做出更大贡献。

(三)适应港口物流新趋势,构建多式联运体系

当今世界港口物流业,不但需要快速扩大货物的流通规模,而且更需要在功能拓展、服务质量上进行提高。船舶大型化、运输网络化、物流现代化、管理信息化,与之相适应的港口物流多式联运的集疏功能已成为现代港口物流的主要标志和港口物流发展的新趋势。宁波—舟山港直接经济腹地和间接腹地主要包括七省二市(上海、江苏、浙江、安徽、江西、湖南、湖北、四川和重庆);省内腹地是杭州、宁波、绍兴、台州、温州和舟山等地。国际贸易90%以上是依靠海运实现货物的空间转移,国际港口物流的发展也都依赖于以港口为中心的多式联运业的发展,从惯例上分析,传统的"港到港"转向"门对门"是开展多式联运服务的关键。对此,宁波—舟山港要积极引导船公司由单一的海上运输延伸到陆上运输的各个环节:对腹地400千米内实施"公—海"联运方式,对腹地400千米以外实施"海—铁"联运方式,提高内河水运能力,建立杭甬运河至宁波港口的"水水"集装箱联运体系,抓紧开辟江海直达集装箱运输系统,拓展腹地市场,增加集装箱中转量;同时以进出口贸易为龙头,强化资源配置功能,发展国际中转、国际仓储、国际配送、出口加工等业务,积极发展航空航运,实施港口、航空的联动发展,积极完善集疏运网络体系,打造国际物流枢纽中心,把宁波—舟山港培育成为我国海陆交通网络重要节点,为打造国际强港搭建更加广阔的平台。

(四)引进培育港口物流企业,完善疏港交通网络体系

港口物流企业是发展港口物流的主体。宁波—舟山港要加快传统运输公司向现代物流企业转型,把运输、仓储、货代培育成港口物流主体。同时要积极引进国际知名物流企业,依托港口资源优势,吸引马士基、中远、中海、中外运等世界500强企业在宁波—舟山港开设码头,形成长期稳定的物流货源。

下一步重点要扩充基础设施,完善疏港交通,强化集散运输功能,重组现有运输体系,开辟创新运输服务种类,增强快速应变能力,形成公路、铁路、水路、空港等多种运输方式联动的发展格局。试点金融自由创新,加速离岸金融国际业务,加快整合优势资源,积极主动争取国家政策支持,重点在石化产业、船舶制造、高端制造加工贸易和转口贸易领域推动国际化进程;加快推进集装箱专用通道的规划建设,实现城市交通与疏港交通、物流与人流适当分离,为宁波—舟山港强化集散运输功能,重组现有运输体系,创新运输服务种类,增强快速应变能力提供有机连接;深入实施自由贸易区发展战略,建设大宗商品和特色消费品交易中心,大力发展离岸高端产业集群,逐步向自由贸易港过渡。

(五)建设港口配套服务设施,培养引进港口物流专业人才

增强现代航运服务和港口物流服务,既是浙江省"港桥海空"联动的节点,也是宁波—舟山港提高国际强港"软实力"的重要组成部分。为此,一是要优化港口泊位布局。码头建设遵循"技改—改建—新建"的原则,把握好建设进度,防止投资和泊位能力浪费,港口集疏通道需要政府统筹规划,合理安排有效整合。二是要加快宁波—舟山港信息平台建设。把宁波—舟山港信息平台建设纳入浙江省总体规划,并摆在重要位置,加快建设进度,为国际强港建设提供强大的支撑。三是推进港口现代服务业发展。在壮大临港工业、大力发展港口物流时要着力推进现代港口服务业全面发展,加快规划"船员服务、商务办公、生活配套"三大设施,为客户提供高效服务。四是培育专业技术人才。港口物流管理和技术人才是宁波—舟山港打造国际强港的基础,港口发展需要培养一大批既具备现代物流知识和技术,又熟悉航运、法律、金融、贸易知识的应用型和复合型人才,为此,一方面,通过优惠政策和良好发展环境,吸引一批国内外优秀的物流人才来宁波—舟山港创业;另一方面,要注重国际中转、国际贸易、国际采购以及现代港口仓储等方面高素质物流人才的培养,建立和完善系统性金融风险防控体系新模式、新路径,努力为发展宁波—舟山港提供强大的人才支撑。

参考文献

[1] 王凤山,冀春贤.建设海洋强国战略背景下宁波-舟山港打造国际强港探析[J].宁波经济,2015(2):31-34.

[2] 刘万锋,王军."一带一路"背景下宁波—舟山港国际强港发展之路[J].浙江经济,2018(13):23-24.

宁波发展离岸金融市场的路径分析

张艳萍[*]

所谓离岸金融(offshore finance)是指虽然将金融机构设立在某国境内,但其与该国的金融制度没有任何联系,而且相关的资金融通业务不受该国金融法规的制约。离岸金融市场的建立在推动金融业的国际化发展以及引导国际资本充分流动方面作用显著。

一、宁波发展离岸金融业务的机遇

2018年,宁波地区生产总值约为11370亿元,标志着宁波正式成为全国第15个GDP突破万亿的城市;同比增长7%,增速超过全国平均水平6.6%。

(一)发展离岸金融业务有利于宁波加入浙江自贸区

2018年5月9日,浙江省领导在对外开放大会上提出自贸区升级的举措,大力推进浙江自贸区2.0建设,要在省内形成"一区多片"的布局,此项举措的提出对于宁波来说是重大利好,为宁波实现进一步经济开放提供了一个崭新机遇。宁波正全力提升开放载体与口岸服务质效,积极参与申报加入自由贸易港项目。而且从国际惯例看,全球大多数自贸区除了采取通行的便利化监管、构建适宜的行政管理体制、实行优惠的税收和外汇政策等做法之外,通常都会建立并发展与之相配套的离岸金融市场。

---

* 张艳萍,女,浙江万理学院商学院副教授,主要研究方向:金融学。

(二)发展离岸金融业务有利于宁波—舟山港的进一步提升

根据 2018 年统计数据,宁波—舟山港共实现货物吞量 10.8 亿吨,集装箱吞吐量 2635 万标准箱,继续保持世界唯一的超 10 亿吨超级大港地位,港口排名实现全球"十连冠"。在省委省政府、市委市政府未来的规划中,宁波—舟山港有望成为全球最大的综合枢纽港,使之成为宁波企业走向世界的一流航运中心,深入参与"一带一路"建设,而与之相配套的离岸金融服务更是必不可少,特别是在资金周转效率、融资、外汇结算等方面。

(三)发展离岸金融业务有利于宁波成为更有竞争力的开放城市

宁波对外开放进程一直走在全省前列,具有宁波特色的开放平台、通道已经形成有效经验并在浙江省推广。仅 2017 年,浙江省外贸十强县半数在宁波,有三家企业上榜浙江省十佳投资企业,另有宁波经济技术开发区和保税区荣登浙江省十佳开放平台,其中保税区被誉为我国对外开放程度最大和政策最为优惠的经济区域之一,宁波正努力打造成富有竞争力的开放城市。

发展离岸金融业务,促进金融服务业的开放,是实现与国际市场接轨、提高宁波对外开放程度的有效举措。宁波早已有了发展离岸金融市场的实际需求,但很多外向型企业要想走出国门只能在香港、上海等地的金融机构开展离岸金融业务。

二、宁波发展离岸金融业务的挑战

(一)现有的离岸金融业务存在很大局限性

我国离岸金融业务尚处于起步阶段,从 1989 年开始至今走过了 30 多年的历程,交通银行、招商银行、深圳发展银行和上海浦东发展银行为我国大陆获得离岸金融业务经营牌照的四家银行,业务主要局限于存贷及结算业务。这不仅难以满足离岸金融客户的要求,同时也制约着离岸金融业务的发展速度。此外,从服务对象来看,离岸金融客户群体比较单一,主要为港澳地区和境外中资企业,欧美企业客户较少。

(二)金融市场开放程度略显不足

相对于宁波企业的外向程度,金融机构的国际化进程较为缓慢,目前我国仅有17家银行在国外拥有分支机构,远远赶不上企业的国际化步伐。以直报企业为例,宁波直报企业已经达到204家,这些企业的工作人员出访只需要得到企业认可而不需要政府的审核,为企业"走出去"提供,更快捷的通道。

(三)离岸金融人才匮乏

对于离岸金融业务来说,人才匮乏是制约其发展的最大瓶颈。相对于普通金融业务人员,离岸金融业务对人员的专业知识、外语能力以及国际惯例知识等均有较高的要求。宁波精通离岸金融业务的高尖端人才更是缺乏,但由于业务的局限性,更是无法大力从国外引入相关人才。

三、国际离岸金融中心发展路径及经验总结

目前国际上离岸金融中心的发展路径主要有三种,分别是依托经济实体型、半依托型和无经济实体依托型。

(一)依托经济实体型

伦敦、纽约、东京这三大离岸金融中心都是依托国家强大的经济实体发展起来的。但是纽约、东京和伦敦在具体的发展模式上又存在着比较大的差别。前两者属于内外分离型,第三者属于混合型模式。

作为内外分离型的代表,纽约和东京都是在经济得到了大力发展后,并拥有了强大经济实体的情况下,通过政府推动,结合对当时经济形势的判断和对未来发展的把握,促成了离岸金融中心的产生和发展。最早由美国国际银行(IBF)编制并设立了一套独立的资产负债账户,用于记录各类金融机构使用包括美元在内的货币工具在美国境内开展国际金融业务及相关的收支状况,使得纽约离岸金融中心具有"在岸性"。日本离岸金融中心(JOM)是在学习 IBF

的基础上,通过利率管制、优惠的税收政策等,最大限度地放松金融业管制,并依靠这些推动政策,迅速吸引了许多离岸国际资本,提高资金流动性,大大地发展了日本的离岸金融业务,形成新的离岸金融中心。

从纽约和东京来看,离岸金融中心的发展路径需要有较高的经济发展水平和发达的金融产业作为基础要件。此外,优越的地理区位条件和便利的配套设施是先决条件,还需要有政府的大力支持以及健全完善的法律制度体系,才能为其发展提供良好的保障。

而英国作为老牌资本主义国家,率先取得了工业革命的胜利,最早在全社会范围内实现机器化大生产,生产力得到了极大提高,社会资本实现了飞速增长,经济实力得到了加强。伦敦同样拥有优越的地理条件和便利的交通通信设施,依托这些优势,伦敦不仅成为英国的政治、经济文化中心,也自然地成为全球的经济和贸易中心。此外,伦敦金融产业的发展在世界上也是首屈一指的,其金融机构数量众多,分布广泛,为离岸金融中心的形成提供了便利的行业条件。当然,在伦敦离岸金融中心成立及发展的过程中,英国本身相对宽松的政策也为之做出了巨大贡献。

伦敦离岸金融中心在操作模式上,采取的是离岸账户与在岸账户并账操作的方式,并没有将二者严格区分,同时也没有限制资金的跨境流动,所以该模式对地区经济发达程度和对风险的掌控能力要求极高,因此并不容易被其他国家或地区复制。

(二)半依托型

从半依托经济实体发展而来的离岸金融中心,与依托型的不同之处在于,几乎都没有强大的经济实体作为基础,而主要是依赖政府力量。实际操作中,为了规避风险有区别地设立离岸账户与在岸账户,并允许在一定情况下以互相渗透的形式开展业务,例如新加坡、纳闽的离岸金融中心。这种模式也可以看作是内外分离型模式的一种延伸,允许离岸账户在某些条件下与在岸账户进行渗透,也就是说允许资金被单向或双向地流入或输出。对于新加坡来说,其离岸金融中心属于典型的双向渗透模式,客户通过离岸账户可以获得贷款,同时可对外进行投资;而纳闽的离岸金融中心属于典型的单向渗透模式,在岸账户中的资金是绝对不允许流向离岸账户的。

渗透型模式被广泛应用于那些经济基础较为薄弱但发展迅速的亚太地区新兴经济体,这些国家政府的宏观调控能力较弱,控制风险的能力也不强,所以在认识到发展离岸金融业务的重要性之后均选择渗透型模式。一方面,促进本国经济发展,适度开放资本市场,积极融入全球经济体系中;另一方面,便于政府对风险的监管及防范。

(三)无经济实体依托型

许多岛屿型离岸金融中心虽然没有发达的实体经济作依托,但是由于世界化大规模生产的普及和日益细化的社会分工,跨国资本流动逐渐出现,并得到迅速发展。该类型离岸金融中心也被称为避税港型模式,岛屿的支柱产业主要是金融产业及旅游产业,依靠优惠的税收政策和美丽的岛屿风光吸引着全世界投资者来此注册,进而产生巨额跨国资本流动。

这种类型的典型代表有百慕大、维尔京群岛和开曼群岛离岸金融中心。其共同特点表现在:政治经济环境稳定、法律制度规范、税收政策极其优惠等。

四、宁波发展离岸金融业务的建议及对策

(一)营造良好的外部环境

政府可通过出台大量相关政策进行扶持,包括良好的税收制度、优惠政策、交易制度等来推动离岸金融业务的发展,为宁波离岸金融市场的完善提供强有力的支持。从国际经验来看,离岸金融业务能够得到快速发展的一个极为重要的原因就是属地实施的离岸税收优惠政策。如果在税率方面离岸业务和在岸业务没有明显的区别,权衡利弊之下,金融机构开展和参与离岸金融业务的积极性就会受到打击。

完善法律法规,加强必要的风险监督管理。纵览我国离岸金融业务,其缓慢的进程足以说明国家对离岸金融风险的谨慎态度,离岸金融业务固然有着在岸金融所无法媲美的优势,但风险的国际传递性也更易形成危机。因此,在

离岸金融业务发展的过程中,必须充分发挥政府的宏观调控和风险管控作用,确保离岸金融市场的秩序规范、合法有效。充分借鉴国际典型离岸金融中心的法律法规,为建立更为公平、更为规范的离岸金融市场做出努力。

(二)明确定位,差异化发展

作为上海的近邻,宁波的离岸金融市场要有所发展,必须首先做好定位。上海已经作为我国的离岸金融中心进行培育,宁波虽然拥有良好的地理区位条件和较高水平的开放型经济,但是在金融市场基础、环境等方面与上海存在着差距,不可能与上海齐头并进、成为对手。根据宁波的区位优势,其外贸业务扩展性非常好,拥有众多的国内国际航运线路和发达的内陆运输网,因此,宁波要充分利用港口经济的优势,有针对地选择外贸对象作为服务客户,有侧重地发展核心业务,争取成为区域性离岸金融业务集聚地。

(三)夯实离岸金融业务基础,丰富业务种类

目前在宁波从事离岸金融业务的机构主要为银行机构,根据对辖内四家主要相关银行的调查发现,近三年来非居民账户数量平均增长率达到40%,结算业务规模平均增长率超100%。涉及的离岸金融业务主要有开立离岸账户、吸收存款及贸易项下融资、结算等。随着国家对外开放程度的进一步提高,更为宽松、自由的离岸金融业务,例如离岸信托、保险等业务也要提上日程,积极引导金融机构开发多元化组合服务产品,以满足离岸公司的不同需求。

参考文献

[1]杨承亮.日本离岸金融市场发展对上海自贸区的启示[J].中国外汇,2013(19):62-63.

[2]陈卫东,钟红,边卫红,等.美国在岸离岸金融市场制度创新与借鉴[J].国际金融研究,2015(6):33-41.

[3]宁洁.国际离岸金融市场发展经验对上海自贸区的启示[J].国际商贸,2017(24):56-57.

[4]余鹏峰.激励与约束:税法规制自贸区金融创新的理路[J].税收与经济,2018(6):68-73.

[5]王勇,王亮,余升国.自贸区离岸金融制度创新理论分析框架[J].上海经济研究,2018(5):93-104.

宁波—舟山港建设"一带一路"枢纽港研究

陈金龙 *

2013 年,习近平主席在哈萨克斯坦纳扎尔巴耶夫大学、在印度尼西亚国会发表重要演讲时分别提出建设"丝绸之路经济带"和"21 世纪海上丝绸之路"。作为"一带一路"的重要节点,港口在"一带一路"建设中有着举足轻重的作用,扮演着"先行官"的角色。中国的港口货物吞吐量和集装箱吞吐量已连续十余年位居世界第一。在国内港口快速发展、港口贸易的支撑下,中国企业不断完善港口标准化体系,提升全产业链服务能力,积累港口建设、投资、经营实力,积极投入到"一带一路"建设当中。

2017 年 12 月,浙江省政府下发了《关于建设加快建设海洋强省国际强港的若干意见》,提出要进一步凸显宁波—舟山港作为浙江港口集群"核心层"港口的地位,确保率先建成国际一流现代化枢纽港。2018 年 6 月,浙江省政府发布了《浙江省打造"一带一路"枢纽行动计划》,提出了形成以"一区、一港、一网、一站、一园、一桥"为框架的"一带一路"建设总体格局。其中,"一港",即以宁波—舟山国际枢纽港为核心,加强与"一带一路"沿线国家和地区互联互通,打造辐射全球的国际现代物流体系。

2017 年 9 月,宁波"一带一路"建设综合试验区获批成立。同年 9 月,《宁波"一带一路"建设综合试验区总体方案》中提出将宁波—舟山港纳入宁波市"一带一路"倡议枢纽城市建设,打造"一带一路"枢纽港。并且,在《宁波—舟山港总体规划(2014—2030 年)》中提出,要根据长江经济带和"一带一路"倡议

---

* 陈金龙,男,浙江万里学院研究生处副处长,副教授,主要研究方向:企业管理。

等的要求,把宁波—舟山港积极打造成国际物流枢纽港。

因此,作为"丝绸之路经济带"和"21世纪海上丝绸之路"的重要节点,宁波—舟山港的发展是"一带一路"建设的重要组成部分。宁波—舟山港如何参与"一带一路"建设?打造"一带一路"枢纽港是其重要的战略定位。

一、宁波—舟山港建设"一带一路"枢纽港的基础

(一)显著的区位优势

宁波地处长江经济带与大陆沿海东部海岸线的T形交汇处,陆上可以通过铁路及长江经济带连接"丝绸之路经济带",海上其是唐宋时期"海上丝绸之路"的三大始发港之一,是21世纪海上丝绸之路的重要枢纽,具有连接东西、辐射南北的区位优势,是"丝绸之路经济带"与"21世纪海上丝绸之路"的重要交汇点。宁波—舟山港是国务院批准的我国沿海四大国际深水枢纽港之一、上海国际航运中心的重要组成部分,以及国际集装箱远洋干线港,具有国际化的港口优势。同时,它是江海陆联运和国际远洋航线的紧密接合部,紧邻国际主航道,对外直接面向东亚及整个环太平洋地区,中欧货运量居全国之首,海丝指数成功登陆波罗的海交易所,地理区位条件十分显著。

(二)优越的港口资源

2019年,宁波—舟山港累计完成货物吞吐量11.19亿吨,成为目前全球唯一年货物吞吐量超亿吨的超级大港,并连续11年位居全球港口第一。同时,全年累计完成集装箱吞吐量超2753万标准箱,排名蝉联全球第三。宁波拥有天然的港口资源。一方面,航道资源良好。宁波—舟山港紧邻虾峙门、条帚门两条国际主航道,梅山岛、六横岛之间有汀子门、青龙门、双屿门航道等,且流速稳定,水域宽广,海域水深流顺、不冻不淤,是国内一流、国际少有的天然航道资源。目前,有约40条不同等级航路、航道,以及50余个锚地,主要进港航道水深在22.5米以上,30万吨级巨轮可自由进出港,40万吨级以上超级巨轮可候潮进出,世界最大的集装箱船舶可全天通航和靠离泊,是世界少有的天然

深水良港。另一方面,岸线资源丰富。宁波港域内近岸水深 10 米以上的深水岸线长约 333 千米,港口建设可用岸线约为 223 千米,其中尚未开发的深水岸线约为 184 千米,通航和作业自然条件优越。其中,宁波港主港区之一的梅山港拥有可用岸线 56 千米,其中深水岸线 20 多千米,能够停泊超级油轮和第五代、第六代集装箱;六横岛深水岸线绵长,港域腹地宽阔。并且,紧邻两条国际航道,船舶避风和锚地条件良好。宁波—舟山港现已与世界 180 多个国家和地区的 600 多个港口开通了 230 多条航线,其中远洋航线占主体地位,是向美洲、大洋洲和南美洲等远洋运输辐射的理想集散地。

(三)完备的城市功能

宁波是我国东南沿海的重要港口城市、副省级计划单列市和改革开放的前沿城市,经济实力雄厚。2016 年,宁波外贸自营进出口总额突破千亿美元,跨境电子商务贸易额和境外投资额均位居副省级城市前列。同时,位于宁波东部新城的国际航运服务中心、国际金融服务中心和国际贸易展览中心"三大中心"建设已初具规模,在基础建设的同时,功能的培育也取得了长足的进展。另外,近年来宁波城市综合竞争力逐步提升,拥有多项国家级发展项目或平台,例如:全国首个"中国制造 2025"试点示范城市、全国首个国家保险创新综合试验区、国家跨境电子商务综合试验区、"一带一路"建设综合试验区等。同时宁波也在积极争创浙东南国家自主创新示范区,经贸合作交流中心、港航物流服务中心地位逐步凸显。

(四)扎实的产业基础

宁波制造业体系逐步优化,港航物流、节能环保、金融服务、会展贸易、科技信息等服务业正在快速发展,港口服务经济、临空经济和总部经济规模持续扩大,生产性服务业与先进制造业深度融合,现代商贸、文化创意、健康服务等生活性服务业向精细化和高品质转变。此外,借助完善的港口集疏运体系,宁波作为国际港口城市与长三角港口群中的现代物流基地,其地位得到进一步巩固提升。同时,依托港口的高端港航服务特别是航运金融保险、船舶供应服务、航运电商与信息服务、大宗商品储运贸易等行业正在快速发展,宁波—舟山港的国际强港雏形初现。

（五）完善的交通设施

宁波综合实力较强，交通基础设施不断完善，基本形成"一纵一横一射"三条对外综合运输大通道，使得宁波与杭州、温州、金义之间高效衔接，与国际运输通道互联互通；高速公路方面，无论是哪条高速公路，宁波绕城高速都可与其连接。宁波加快构建"两环十射"高速公路网，其由象山湾疏港高速、梅山—六横疏港高速等5条高速公路组成。梅山—六横疏港高速通车后，梅山港区和六横港区将有机联系起来，与舟山跨海大桥一起实现宁波、舟山港域南北陆路的衔接，促进宁波—舟山港一体化建设，提高港口集疏运服务水平。

二、宁波—舟山港建设"一带一路"枢纽港的短板

（一）基础服务比重高，港航服务体系不健全

虽然宁波—舟山港航服务业基础和基本的服务功能已经具备，但基础服务比重大，高端增值型服务占比小。具体而言，港航服务主要集中在运输、仓储和装卸等传统业务，运输费用和保管费用约占社会物流总费用的80%以上。然而，信息服务、订货管理、流通加工、线路优化和供应链方案设计等高附加值物流增值服务的占比较低。这种基础服务与增值服务的比例失衡，导致港航服务体系有不够完善，限制了宁波港航服务业的进一步发展。

（二）信息技术应用有限，港口建设智能化水平不高

宁波—舟山港大多数物流企业的生产仍以简单的扩大要素投入为主，企业信息化水平普遍较低，无线射频识别等先进信息技术仅在部分场站得以应用，公共物流信息平台的作用尚未充分显现；此外，集装箱甩挂和双重运输组织方式还处于试点阶段，尚未形成规模化、网络化运营。总体来说，虽然宁波拥有电子数据交换信息平台、面向口岸通关服务的电子口岸、主营物流电子商务的第四方物流信息平台等，但各平台之间的信息资源共享、交换困难，难以

提供一体化信息服务。

(三)国际化服务平台少,港航服务辐射能力有限

虽然宁波在国内已拥有国家"十三五"服务业综合改革试点、全国首个国家保险创新综合试验区、国家跨境电子商务综合试验区等发展项目,但是缺乏在国际上有影响力的服务企业或平台。例如,就大宗商品交易平台来说,数量上不少,但能在国际上具有影响力的几乎没有;另外,船舶交易市场也仅仅只有三个,规模较小且分散。因此,国际化平台的缺少会限制宁波港航服务的辐射能力,尤其限制宁波港航服务的国际化步伐。

(四)规划统筹缺乏协调,港口产业集聚性不强

宁波港口物流服务已形成了几个集聚园区,但物流企业入驻率不高。高端航运服务集聚区已经确定为梅山保税港区和东部新城国际航运服务集聚区,但入驻企业还不够多,未形成规模和气候。

(五)港城一体化发展不够,联动效应不明显

由于区港规划衔接不够,缺乏前瞻性统筹布局,因此宁波虽然空间上港城相互交融,但功能分区不清,港口集疏运过多地占用城市道路资源;临港产业布局分散,产业链集聚功能不突出,港口资源未得以充分利用。

三、国内外典型枢纽港发展经验总结

通过梳理以新加坡、伦敦、汉堡港等为典型的国际枢纽港的现状,并在此基础上提炼国内外港航服务业的发展经验,可为宁波港航服务业的发展提供参考与借鉴。

(一)建立高效组织机构和管理模式

枢纽港的建设涉及多个政府管理部门,建立多部门统一规划、统一管理、统一协调和统一调度机制,合理配置资源,是确保港口高效运作的重要前提。

新加坡专门成立海事及港口管理局（MPA）来统筹管理和引导全国港航服务业发展，并根据产业不同发展阶段制定海洋产业发展规划及配套政策，引导临港产业集聚发展，努力营造自由开放的国际贸易环境，吸引海外投资。

鹿特丹也专门成立港务局对港口进行统一规划、管理和开发建设。鹿特丹港区土地、岸线以及基础设施的产权归属于鹿特丹港务局，由港务局负责对港区的长期规划、规章制度、土地租赁、入区企业以及港区内经营活动进行统一规划和管理，对港区内的水域、码头、工业区进行统一开发和建设。

(二)出台扶持航运发展的优惠政策

枢纽港建设离不开政府的积极引导和扶持，制定出台促进航运业发展的优惠扶持政策是建设国际航运中心的重要保障。

政府扶持政策是新加坡新兴国际航运中心迅速崛起的关键因素之一。一方面，新加坡政府明确了以"海洋知识创造"为核心的战略目标，先后推出核准国际船务企业计划（AIS）、核准船务物流企业计划（ASL）、海事金融优惠计划（MFI）和船舶注册登记制度等优惠措施，制定并出台了涵盖税收、融资、人才等多方面的配套政策，为新加坡现代航运业发展提供了完善的扶持政策体系。另一方面，新加坡港税收优惠政策力度大，企业所得税和销售税分别为7%和7%；对于在新加坡注册船舶的国际货运收入以及外国注册船舶在新加坡采购货物予以免税；为鼓励海洋金融和海事仲裁业务的发展，对海事信托基金免征5—10年收入税，对海事仲裁员的仲裁收入全部免税。此外，新加坡还专门成立新交所亚洲结算行，以满足各类航运企业发展的需求。

汉堡港实行自由港优惠政策，船舶进出汉堡港无需向海关结关，进出口或转运货物在自由港装卸、转船和储存不受海关任何限制，货物在汉堡港区内可任意进行加工和交易而不必缴纳增值税，只有从汉堡港输入欧盟市场时才需向海关结关并交纳关税及其他进口税。

(三)完善港航基础设施和服务体系

从国际枢纽港的发展经验来看，完善的港航基础设施和服务体系是国际航运中心的重要载体。积极推动港航基础设施建设，提升港航服务能力，是建设国际枢纽港的关键突破口。

汉堡港一直以来十分重视集装箱运输的发展。一方面,不断完善港航基础设施建设,新建集装箱装卸区和集装箱码头,提高集装箱运输能力;采用最先进的装卸设备和货物管理系统,提升集装箱装卸率,最大限度利用云计算、大数据、物联网和移动终端设备等先进技术,对港口进行智慧化管理。另一方面,不断强化港航服务体系,700余家专业货运企业的服务范围遍及德国和欧洲其他地区,为客户提供包括仓储、配送、进出口集装箱装拆箱和门到门服务在内的多样化和个性化服务。

鹿特丹港在智慧港口建设方面走在世界前列,自1999年建设全球首个全自动化集装箱码头以来,鹿特丹港持续利用最新技术手段对港口基础设施进行改造升级。一是搭建港口运营管理系统、信息共享平台以及港口大数据中心,实现对港口资源的统一管理、合理调度和高效配置;二是积极开发智能集装箱,利用传感器和通信技术,收集位置、噪音、空气污染、湿度和温度等全方位数据信息;三是专门成立区块链实验室,探索区块链技术在航运服务业的应用。

(四)推动形成高端航运服务业集群

发达的高端航运服务业是国际枢纽港的重要标志和核心软实力,也是提升国际航运中心城市核心竞争力的关键抓手。

伦敦作为老牌的国际枢纽港,已形成了规模庞大、功能完善、体系健全的航运服务业集群,集船舶买卖、船舶注册、航运交易、海事保险、海洋金融、海运金融衍生品、海事立法、海事诉讼与仲裁、航运信息咨询及航运人才培训等各类现代航运服务于一体,拥有上千家航运专业服务企业,每年可为英国创造20亿英镑的价值。在海事仲裁方面,伦敦海事仲裁员协会是全球公认的世界海事仲裁第一机构,每年承担全球75%以上的国际海事仲裁工作,年均处理案例接近3000件,航运业总收入的45%均来自海事仲裁及相关航运服务收入;在海洋金融方面,依托伦敦证券交易所,每年伦敦航运融资总额高达200亿英镑,约占全球的1/5;海事保险方面,依托伦敦劳埃德保险行,伦敦航运保险业全球领先,保险规模大、能力范围广、专业化程度高、创新能力强,被誉为"国际海上保险中心"。

（五）营造利于航运发展的营商环境

伴随经济全球化和区域一体化趋势在世界范围内的迅速发展，良好的营商环境逐渐成为全球竞争的核心，营造国际化营商环境也成为提升国际枢纽港全球综合竞争力的必然要求。

香港多年来稳居世界银行全球营商环境排行榜前列，为国际航运中心建设创造了良好的营商环境。一方面，香港具有自由港的独特优势，投资贸易自由化程度高，离岸贸易极为发达，2018年贸易及物流业占GDP的比重超过20%，转口贸易占60%，是全球贸易的指挥中心和连通全球贸易体系的纽带；另一方面，香港是全球金融中心、外汇中心、股票中心和黄金交易中心，拥有国际高度认可的法律法规体系、高效运作的监管机构和吸引高素质金融人才的体制机制，为航运金融、海事诉讼与仲裁以及海事法律咨询等高端航运服务业的发展提供了优良的制度环境保障。

（六）重视航运专业人才的培养与引进

现代航运业的快速发展需要大量掌握复合性专业知识、熟知各类国际规则的综合性航运人才。国际性枢纽港都十分重视航运专业人才的培养与引进，通过建立完善的航运服务教育体系，满足现代航运服务业对高端人才的需求。

新加坡政府高度重视航运专业人才的培养和高等院校海洋学科的建设，在新加坡国立大学、南洋理工大学以及新加坡科技大学等高等院校均设立了港口经济和港口管理相关课程；设立了新加坡海事研究所，围绕航运、港口、海事服务和海洋工程等方面开展海事人才培训。此外，新加坡政府还成立了海洋产业集群基金，为培养和引进航运业高层次人才提供了资金保障。

四、宁波—舟山港建设"一带一路"枢纽港的对策建议

根据宁波—舟山港建设"一带一路"枢纽港的基础与短板，借鉴国际枢纽

港的发展经验,宁波—舟山港建设"一带一路"枢纽港可以"国际化、智能化、集聚化、高端化、一体化"为突破点。

(一)推动港航市场国际化

以宁波"一带一路"建设综合试验区为契机,进一步推进宁波—舟山港国际化进程。一是依托国际港航物流服务中心、江海联运服务中心(含国际海事服务基地)建设,提升联通"一带一路"沿线国家的综合交通枢纽功能,扩大"海丝指数"影响力,强化供应链管理创新,增强国际资源配置能力,促进贸易物流联动发展,打造"一带一路"国际物流枢纽城市。二是全面完善航运基础服务功能,积极培育航运交易服务市场、航运金融服务市场、航运人才中介市场等高端航运服务业态,推进以"海丝路指数"为代表的航运大数据应用,打造国际海事服务基地。三是建设中国(梅山)国际供应链创新示范区,培育跨国贸易物流企业、供应链服务商和物流园区运营商。依托梅山金融小镇建设和宁波—舟山港的深水港、大宗货源转运优势,引导国内外金融、保险、融资、中介等服务机构落户宁波,引进国际著名供应商、物流企业、口岸监管机构,鼓励市场主体大胆开展航运金融业态创新,发展航运融资、信托、担保、投资、资金管理、商业保理、信用评级等服务业务。四是制定与国际对接的海事法、仲裁法等,鼓励国外海事律师事务所在甬设立办事处。引进大型船务公司,发展船代、货代等中介咨询机构,加强与国内外著名船级社、航运交易所等机构合作,探索开发运价指数,提供航运信息、航运技术、海事法律和仲裁服务。

(二)推动港口信息智能化

在当前"互联网+"和大数据的背景下,要推动宁波—舟山港智能信息化发展。一是加快发展信息服务业,实现集聚区,尤其是保税港区信息的共享与交换,港口业务的动态化和协同化管理。二是推进数字交换平台建设,强化电子口岸、信息港和数字岛建设,努力建成与国际集装箱物流业发展和集聚区建设相匹配的科技信息服务中心。三是建设港航大数据中心,构筑航运服务产业数据库,实现港航服务各主体之间的信息联网和数据共享,打通港航物流供应链各环节的信息通道。四是建立"海上丝路"指数品牌,逐步建立港航企业、港航服务机构,船舶、车辆、从业人员诚信数据库。五是大力发展咨询、设计、培训、中介等信息服务,强化咨询评估服务,努力建设国际商务信息服务中心。

(三)推动临港产业集聚化

集聚化发展是国家枢纽港的大势所趋,有利于形成港航服务产业联动发展效应。一是建设东部新城航运服务业集聚区,学习借鉴上海北外滩航运服务集聚区的规划建设经验,争取更多国内、境外公司区域性基地落户,加大航运经济信息、第四方物流、航运指数、航运经纪、集装箱舱位交易、船舶交易等服务的提供与能级提升。二是建设北仑、镇海等综合港航物流服务区,发展大宗商品交易、进口商品分销等业务,打造宁波海铁联运综合试验区。三是建设梅山、金塘、穿山等集装箱国际中转服务区,以集装箱国际中转服务、集拼服务、转口贸易服务等为重点,加强与国际航运巨头、国际采购商等合作,打造新一代集装箱国际中转服务中心。

(四)推动港航服务高端化

港航服务业高端化是国际枢纽港的标志性元素。一是支持航运企业加快兼并重组,促进规模化经营,做强通关服务、航运代理和船舶港口供应等航运基础服务业。二是大力扶持发展物料供应、保税油供应、船员培训等船舶服务业,积极培育航运交易服务市场、航运人才中介市场等高端航运服务业态。三是推动贸易物流联动发展,打通金融、贸易、物流等政策壁垒,培育和引进一批跨国贸易物流企业区域总部、专业化物流供应链服务商和物流园区运营商,建设中国(梅山)国际供应链创新示范区。四是大力发展航运金融和海事金融,加快开展海运融资、航运费用及海损理赔结算、海上保险等金融业务。积极开发新型海洋金融产品,引进国内外航运、船舶等涉海专业金融机构或开展业务合作,拓展航运金融新领域。依托保税港区国际贸易与国际物流企业集聚优势,积极发展供应链金融,打通面向供应链上下游企业的系统性融资渠道,探索构建保税港区融资租赁市场。五是加快培育港口产业投资基金、海洋发展银行、港航投资公司等机构,积极创新海运保险、直接融资、间接融资等金融产品,加快形成港口金融战略合作机制。

(五)推动港城、港港发展一体化

深入贯彻落实浙江省"十三五"海港规划、第十四次党代会提出的"以宁波—舟山港为核心,打造世界级港口集群"等相关政策,深化宁波—舟山港在浙江打造世界级港口集群过程中的核心、龙头、引擎作用,推动宁波—舟山港与浙东南沿海港口、浙北环杭州湾港口的港港联动、协同化发展,以此为契机,提升宁波—舟山港区域发展辐射能力、国际影响力。依托宁波、舟山等城市经济社会发展,逐步完善宁波—舟山港口经济圈建设,提高宁波—舟山港与宁波、舟山等城市的联动发展效率,争取更多的国家级发展项目。

参考文献

[1]刘伟华,张雅莉,胡振宇.国际航运中心发展经验及对深圳的启示[J].海洋开发与管理,2020,37(3):16-22.

[2]葛洪磊.宁波—中东欧国际物流通道优化设计[J].产业创新研究,2019(1):22-26.

[3]张森林.蓝色经济航母目标直指国际一流现代化枢纽港[N].中国交通报,2016-12-30.

[4]陈守义.将宁波—舟山港建设为海丝之路主枢纽港[J].浙江经济,2015(13):48.

[5]陈建军,周斌.上海港和宁波—舟山港的整合研究[J].南通大学学报(社会科学版),2009,25(1):1-8.

[6]陈金龙.宁波港航服务业发展的经验借鉴与突破重点研究[J].宁波经济(三江论坛),2018(11):18-20.

宁波以"一带一路"建设综试区为基础争创自贸港对策研究

龙力见　闫国庆　殷军杰　田　硕　杨　硕*

一、引言

"一带一路"建设是我国扩大对外开放的重大战略举措,宁波作为计划单列市、长三角南翼经济中心、沿海开放强市,应在更高层面上服务国家开放战略;在更高水平上重塑开放新优势,提升宁波的国际开放门户地位,融入国家"一带一路"大格局。宁波积极参与到"一带一路"建设中,体现出宁波在"一带一路"倡议中的担当和使命,其探索历程也可为全国其他地区提供示范。

宁波最大的特色和优势是开放型经济和港口。随着国家积极构建全面开放新格局,宁波迫切需要发挥优势,主动服务国家战略,再创新常态下经济发展新优势。而争创自由贸易港,是推动"一带一路"建设综合试验区的重要抓手,是推动宁波深化扩大对外开放、加快推进城市国际化、推动创新转型发展、争创比较优势和竞争优势、减少国际贸易摩擦的重要突破口。宁波打造自由贸易港,有利于探索"一带一路"合作新机制,有利于构建国家对外开放新格局,有利于打造浙江经济提升新引擎,有利于培育宁波改革发展新优势,有利于创造可复制、可推广的新模式。

---

*　田硕,男,宁波海上丝绸之路研究院助理研究员,主要研究方向:企业管理。杨硕,女,浙江万里学院物流与电子商务学院研究生,主要研究方向:全球采购与供应链管理。

二、宁波"一带一路"建设综合试验区与自由贸易港关联性分析

宁波围绕五大领域打造"一带一路"建设综合试验区：以宁波—舟山港为龙头，做强"海丝指数"，打造"一带一路"港航物流中心；深化与中东欧国家的合作，打造"一带一路"投资贸易便利化先行区；以产业发展为主体，打造"一带一路"产业科技合作引领区；以保险创新为特色，探索金融流通和风险规避新体系，构建金融保障服务示范区；以文化传播为载体，推进人文交流合作，打造"一带一路"人文交流门户区。同时，宁波着力打造四大平台，筑牢"一带一路"核心支撑。打造梅山新区、"16＋1"经贸合作示范区、中国（宁波）跨境电子商务综合试验区、民营企业"走出去"服务创新区等四大开放试验平台，积极推进投资贸易便利、金融保险创新、"走出去"服务创新等，为广大客商共同参与"一带一路"建设提供强有力的支撑。结合综合试验区五大领域，重点实施港航国际合作、交通互联互通、产业国别合作、金融保险支撑、科教双向合作、人文交流促进等六大双向合作工程。

海南由于绝佳的地缘战略区位等因素脱颖而出，成为我国首个自由贸易港。在打造国家级"一带一路"建设综合试验区的基础上，创建开放层次更高的自由贸易港是宁波在新时代、新形势下的关键选择。美国在1936年建立了纽约3号，将港口作为对外贸易的中转码头，专门用于从事单一的转口贸易。二战后，很多国家为了吸引外资、引入先进技术，依托廉价的劳动力在沿海地域兴办出口加工区。这时候的港口不仅用于转口贸易，还承担了加工、制造等职能，逐渐由单一的转口贸易扩大到了加工贸易，而且在出口加工区内实行"境内关外"的政策，给予园区内企业减免关税等优惠。随着贸易的发展，出口加工区发展成趋向综合化和多样化的自由贸易园区。园区内允许货物自由输入输出以大幅度地刺激贸易，海关监管较松，免关税的范围更大，生产需要的设备和原料、进口区内供转口的商品都享受免关税待遇。但同时也存在许多限制和约束条件，如海关监管、缴纳所得税增值税、不许人员留居等，享受优惠的区域也较为有限，通常只是港口及其周边区域。

自由贸易港是自由贸易园区的升级版,在货物、资金、人员的流通上更为自由,对绝大多数的进出口货物豁免关税,准许进口货物在港内装卸、加工、改装、整理、长期贮存和买卖等,供转口或供本地居民消费的货物进口一律免税。与自由贸易园区相比,其范围更大,可以是整个城市,自由贸易港内的全部居民和游客都能免税。其中企业可设立国际银行账户,享有汇率结算自由,利润可全部自由汇入,是当今全球开放水平最高的特殊经济功能区。

自由贸易港是更高层级的开放,宁波建设自由贸易港是其深化对外开放的重要途径,能为宁波打造国家级"一带一路"建设综合试验区添砖加瓦,两者是相辅相成、共同发展。宁波"一带一路"建设综合试验区的四大平台、五大领域及六大双向合作工程也是发展自由贸易港的重要路径与支撑。争创自由贸易港既是宁波自身全面对外开放的需求,也是迎合国家全面布局战略、适应全球经贸发展的抓手。

三、创建自由贸易港可行性分析

宁波创建自由贸易港具有先天性优势。宁波—舟山港区位条件优越,港口处在"一带一路"交汇处,位于长三角和大运河的出海口,处在长江经济带和大陆沿海东部海岸线的交汇处;通航条件优越,深水不冻良港称雄世界,凭借其深水优势可以接靠国际超大型船舶;宁波开放优势明显,营商环境日趋完善,拥有宁波保税区、宁波国家高新区、宁波杭州湾新区等多个国家级开发区,政府服务水平居副省级城市前列;宁波民营经济活跃,制造业厚积薄发,作为"中国制造 2025"试点示范城市,宁波主攻石墨烯、稀土磁性材料、高性能金属合金材料、关键基础件、专用装备、光学电子、集成电路、工业互联网等;宁波是历史文化名城,人文底蕴深厚,具有独特的"山海汇融、中西合璧"的城市文化,也孕育出了浓厚的商业文化氛围,出现过蜚声海内外的"宁波帮",获得中央和地方各级政府的重视和大力支持。

不过也要清醒地看到,宁波争创自由贸易港所存在的问题。宁波传统产业比重大,新兴产业发展慢,总体上存在产业层次低、企业规模小、竞争力弱、产业层级不够等问题;企业创新能力不足,专业化高端人才缺乏,适用人才明显匮乏；宁波服务业占 GDP 的比重偏低，与上海、深圳、杭州等城市相比还存在较大的差距——现代服务业基础较为落后，具有宁波特色的本土现代服务业还不发达；宁波—舟山港虽然货物吞吐量保持世界第一，但是陆上货运体系与港口体系不匹配、不衔接，"公铁水""陆海空"多式联运比例失调，集疏运结构失衡严重，港航服务业发展相对滞后，包括航运、内陆水运、陆运和航空运输等各种运输方式的交通运输走廊尚未形成联动和集聚效应；宁波企业走向国际市场面临着信息不对称等问题，这会降低市场交易的效率，限制市场功能的发挥。

打造自由贸易港关乎宁波的未来与发展。推进自贸港建设所面临的问题都是可以克服的，需要扬长避短，发挥好宁波众多先天性优势。

四、典型自由贸易港建设的发展实践与经验借鉴

香港是国际最高标准的自由港，在金融、贸易上较为开放。香港从转口港发展，以贸易为支点，逐渐支撑起金融、航运两大板块。其主要特点在于港市合一：港内生产、科技、人力等要素齐全，流动较为自由，企业在一定程度上享有"国民待遇"；在港区实施零关税政策（除了烟草、酒类、甲醇酒精、汽车用汽油和柴油等极少数商品外）；外来资本可投资大多数行业，均可实现 100% 控股；在贸易中大多数可以国际货币结算，外来投资者将股息或资金调回本国都无限制，境外所得利润不纳税；实施较大的税收优惠政策，不设增值税或消费税，企业所得税也是世界上税率最低的地区之一。

新加坡是世界上最大规模的中转港，发展形成了 7 个自贸区，其中 1 个以空运货物为主，6 个以海运货物为主。新加坡自由贸易港实施公私合作的管理体制，由裕廊管理公司，新加坡国际港务集团等负责运营。行政体系尤为高效，企业注册简便，一站式通关系统连接海关、检疫等多部门，报关较为便利。新加坡几乎对所有进口商品免征关税，企业利润汇出无限制、无税费。其主要特点在于吸引外资的力度较大，政府设立经济发展局，利用"总部优惠"等超国民待遇，吸引全球知名企业在新加坡设立总部，引入"高精尖"制造业。世界500 强公司近三分之一在新加坡设立亚洲总部，其亚洲科创中心初具规模。

迪拜的杰贝阿里港是世界最大的人工港,港区周边有众多不同类型的自贸区,如国际金融中心、商品交易中心、媒体中心等,其本质还是工业贸易型自由港。在杰贝阿里港,外资企业也可拥有100％的所有权,可免缴公司所得税和个人所得税,企业的进口原材料、设备及货物转口免关税,50年内免交所得税,区内外国企业将利润和资本汇回母国不受限制和无外汇管制,企业雇佣外国劳动力无任何制约,无最低工资标准和雇用本地员工要求。其允许在港区内建立休闲娱乐场所以满足人们工作之余的休闲要求,因此成为阿拉伯地区最为著名的贸易港。

研究国际成熟的自由贸易港的成功经验,对宁波有如下启示:一是以进出口贸易带动产业,形成多层次产业结构。以自由贸易为基础带动其他关联产业的发展,免关税、低赋税,以进口终极消费品为主,打造并升级"消费品免税区",满足国内日益增长的高端消费需求,建设国际消费的新高地。二是要借鉴引资模式,利用"总部优惠"等超国民待遇,促进发展"总部经济""楼宇经济"等,这不仅能带来巨额的税收和人才,还会形成良好的"溢出效应"。三是在自由贸易港内应发展休闲、娱乐、体育等产业,打造具有世界影响力的国际旅游消费中心,带动国际旅游消费。四是要在管理模式上参考国外高效的行政管理体系,营造良好的营商环境。要克服各政府部门多头管理的局面,构建服务企业的新管理模式,成立专业的部门进行统一规划和协调,重点突出社会主义自由贸易港的优势。五是要注重生态环境保护,执行高标准的生态保护规定,实施严格的生态环境保护策略,建设领先全国的生态文明保护示范区。

五、宁波争创自由贸易港的对策建议

(一)争创国家级"一带一路"建设综试区,为新一轮自贸港的申报奠定基础

纵观国际自由贸易港的发展史可以发现,多数自由贸易港是在自由贸易园区的基础上逐渐发展成为一个高度开放的贸易自由港的。宁波需积极争取省委、省政府的支持,与国家部委建立联络沟通机制,集中各方力量,与舟山自由贸易园区协同推进自由贸易港建设,并与舟山自由贸易园区错位发展;要努

力在省级"一带一路"建设综合试验区的基础上争取成为国家级"一带一路"建设综合试验区,为下一轮自由贸易港的申报打下基础。

(二)打造港航物流贸易一体化产业链,为自贸港提供坚实支撑

建设自由贸易港区要重点加强国内、国际港口合作,协同推进浙江省内港口资源整合,加快国际航运服务基地建设,大力构建港航物流贸易一体化产业链,率先建成全球一流的现代化枢纽港。要充分利用以物联网为代表的新技术,创新交通枢纽模式,推动空港、海港和高铁之间资源共享和错位发展,实现无缝对接和互通互联,发挥多种交通方式叠加交汇的枢纽优势。要以跨境电商综合发展试验区为主要载体,探索适合信息经济创新发展的新机制,重点开展大数据、云计算等领域的合作,扩大数字丝绸之路枢纽节点的影响力。充分依托港口、高铁站和机场等基础设施,发挥枢纽资源优势,明确主导产业和特色产业定位,构建枢纽产业集群,形成完整的枢纽产业链条。持续深化港口经济圈建设,加快建设和完善甬新欧、甬渝新欧等国际物流新干线,提高向东开放和向西开放的水平。将宁波—舟山港建设成深水枢纽港和信息、物流等综合服务枢纽港,打造安全、绿色、创新、智慧和高效型的港口。

(三)做好自贸港规划,推动自贸港区产业人才集聚

作为我国沿海开放城市群的重要成员,依托优越的港口资源和完备的制造业,宁波的开放型经济异军突起,经济发展排名全国前列。宁波争创自由贸易港,应当抓住历史发展机遇,吸引高端产业人才聚集,围绕"打造宁波港口经济圈"战略,竭力推进产业集聚区发展,全面深化国家海洋经济核心示范区建设,引领全市产业升级,打造世界级的产业集聚、人才聚集平台。要依托港口优势和国际外贸人才优势,探索国际中转集拼业务,发挥远洋运输规模效应,提升口岸物流增值服务水平。要加速启动宁波国际海洋生态科技城建设,创新工作机制,打造海洋高端产业及创新高地,吸引和培育创新型海洋产业集群,探索海洋经济创新发展新模式,争取将科技城打造成国际一流、国内领先的国家级海洋创新发展大平台,生产生活生态联动、创业创新创造融合的现代化滨海新城,创新资源最集中、创新要素最活跃、创新产出最密集的港口经济

示范区。

(四)处理好四大关系,推动国际港口名城新一轮开放

一要处理好自由贸易园区现有制度与制度创新之间的关系,形成有中国特色的制度安排,打造全球最高水平的开放形态。这不仅是对标、对接当前最高标准的开放制度,而且是为未来推进开放包容共享的自由贸易制度变革做试验储备和压力测试。为此,要坚持以开放为先、以制度创新为核心,破除一切束缚经济发展的体制机制障碍。二要处理好自由贸易园区沿海开放与内陆腹地的辐射关系,科学布局港口规划,确保港口在运输产业链中的地位,对标世界一流水平打造高效的海陆空运输网络,着力推进通道网络立体化,联动建设海港、陆港、空港和信息港以实现高质量发展,助推宁波—舟山港建设国际一流现代化枢纽港,重点提升大宗商品贸易便利程度,总结出更多可复制可推广的经验,提升宁波在贸易格局中的地位。三要处理好"引进来"和"走出去"的关系,特别是要明确监管区域的监管内容,为自由贸易港建设创造有利条件。以梅山保税港区为核心,整合保税区、出口加工区、空港保税区和相对应的港区,以进出口贸易为重点,强化资源配置功能,发展国际中转、国际仓储、国际配送、出口加工等业务,建设大宗商品和特色消费品交易中心,积极融入大湾区建设和长三角协同发展,全面推进"17+1"经贸合作示范区在宁波的实践。四要处理好宁波自由贸易园区和上海错位发展的关系,正确把握先发优势。在发展模式上,宁波应该找到并重视自身的比较优势,与上海错位发展,同时全面对接上海,依托上海加大对外开放的力度,主动参与国家战略和长三角城市群分工合作,把区位优势转化为未来的竞争优势,发挥宁波在"一带一路"建设中的战略支点作用。

(五)看齐先进的国际自贸港,实现有中国特色的港区自由

探索建立自由贸易港,宁波要基于传统贸易区及现有"一带一路"建设综合试验区,向新加坡等先进国家或地区看齐。打造自由贸易港,一要实现贸易自由,口岸监管方式要达到"一线放开、二线安全高效管住",推进离岛自贸港区、离岛保税与非保税共存港区、本岛自贸港区的分类设立。二要深化金融体

制改革,创新金融服务,实现金融自由。要建立高效的金融市场体系,根据不同业务需求拓展多样性的金融服务,发展海洋经济、航运金融,以及与港区工业配套的口岸金融。要重点发展航运保险,为港口建设提供金融保证。在自贸港设立自由贸易账户,实施个人境外投资,争取国际贸易结算试点。以促进跨境贸易、投融资结算,推动人民币成为国际化货币为目的打造与自贸港建设相适应的本外币账户管理体系。三要保证投资自由,创新投资管理制度和贸易税收制度,逐步放开个人境外投资、个人贸易账户申请项目,提升先进制造业、高端服务业的开放层次。四要实现运输自由,开放航运金融,开展港航管理和贸易便利的融合,推进国际航运模式创新。

特别要强调的是,实现以上四大自由,并非不要党的领导,而是要加强和改善党的领导。要坚持社会主义制度,以开放为先,以服务国家重大战略为目标,以制度创新为核心,以服务贸易为主导,以城乡一体、陆海统筹、绿色发展为重要特色,通过全面深化改革开放,建设全球开放水平最高、最具国际竞争力、最有特点的开放平台,进而为构建人类利益共同体、命运共同体贡献中国智慧和中国方案。

参考文献

[1]闫国庆,厉效杰,霍杰.争创国家试验区宁波"一带一路"综合试验区建设研究[M].杭州:浙江大学出版社,2018.

[2]王军锋.谋划宁波自由贸易港建设[J].中国港口,2018(9):30-31.

[3]梅芳,毛运宏.国内外自由贸易港区的经验对海南省探索建立自由贸易港的启示[J].中国市场,2018(29):4-6.

[4]张丽娜,汪长江.舟山自由贸易港区建设的思考[J].特区经济,2018(7):139-140.

[5]赵晓雷.建设自由贸易港区将进一步提升上海自贸试验区全方位开放水平[J].经济学家,2017(12):11-12.

[6]江怡.上海自贸区设立对宁波的影响及因应之策[J].宁波经济(三江论坛),2014(3):8-12.

"一带一路"视域下宁波市社会组织国际化角色定位与实现路径

王鹏程[*]

一、宁波市社会组织参与"一带一路"建设的政策基础

2019 年 4 月 26 日,第二届"一带一路"国际合作高峰论坛在北京召开。习近平主席提出:"加强民间组织往来","鼓励支持沿线国家社会组织广泛开展合作",论坛的召开为国内外社会组织积极参与"一带一路"建设提供了政策引导。社会组织只有全面清晰了解国际、相关国家地区的政策法规,熟知相关运行管理规则、惯例,才能更好地在构建人类命运共同体背景下参与国际事务、承担国际责任、推动全球治理体系和治理能力现代化。

(一)习近平同志重要讲话、中央和国家文件精神

"一带一路"倡议是以习近平同志为核心的党中央在全球形势日益变化、国际局势日趋多变的时代背景下,结合国内外大局做出的重要决策部署,是顺应全球合作交流趋势,契合沿线国家和地区发展需要,并立足当前、着眼未来提出的重大战略构想。作为"一带一路"倡议的倡导者,习近平同志在国内外重要场合不断强调"一带一路"建设对全球经济发展的重要性和必要性。

习近平主席在首届"一带一路"国际合作高峰论坛上提出:"引导更多社会力量投入'一带一路'建设,努力形成政府、市场、社会有机结合的合作模式,构

---

* 王鹏程,男,浙江万里学院商学院教师,主要研究方向:国际经济与贸易。

建政府主导、企业参与、民间促进的立体格局。"其间,习近平主席宣布"建设丝绸之路沿线民间组织合作网络"(简称合作网络),60多个国家和地区近300家中外方民间组织加入合作网络。同时,中联部宣布启动《中国社会组织推动"一带一路"民心相通行动计划(2017—2020)》,从蓝图到行动,汇聚共商、共建、共享的众智合力,为中国与"一带一路"沿线各国实现共同发展提供了新机遇。社会组织作为社会治理最具活力的行为主体之一,肩负着理念倡导、民意沟通、民生改善的重要社会责任。在第二届"一带一路"国际高峰论坛上,习近平主席指出:"未来5年,中国将邀请共建'一带一路'国家的政党、智库、民间组织等1万名代表来华交流,鼓励和支持沿线国家社会组织广泛开展合作。"

十九大报告对社会组织的发展和"一带一路"建设都有重要的指示。在对社会组织发展提出新要求的同时,《中共中央关于全面深化改革若干重大问题的决定》指出,要推进"一带一路"建设,形成全方位开放新格局。

国家发改委、外交部、商务部联合发布的《推动共建丝绸之路经济带和21世纪海上丝绸之路的愿景与行动》,为社会组织参与"一带一路"建设描绘了更为清晰的领域和方向。《推动共建丝绸之路经济带和21世纪海上丝绸之路的愿景和行动》提出要"加强沿线国家和地区民间组织的交流与合作,重点面向基层",这些纲要为社会组织在这些国家(地区)活动提供了重要参考。

此外,联合国为社会组织参与"一带一路"建设注入了活力。2017年2月,安理会决议首次引入"一带一路"倡议内容,推动沿线国家的政策沟通、设施联通、贸易畅通、资金融通、民心相通,为沿线国家的繁荣和发展共同努力。社会组织作为政府、企业实现"民心相通"的桥梁,起着基础性的作用。

(二)宁波市政府发展规划和纲要

"一带一路"建设既要确立国家总体目标,也要发挥地方积极性。自"一带一路"倡议提出以来,各省有针对性地提出本地区的战略定位,探索地方"一带一路"建设中对外开放、对外合作的新渠道、新机制,其中对于公益慈善类组织、行业协会商会联盟、社会智库等社会组织的参与也都有着不同程度的号召和期盼。2019年宁波市政府工作报告提出:深化"一带一路"建设综合试验区和"16+1"经贸合作示范区建设,加强与"一带一路"沿线国家的广泛合作,谋划建设"一带一路"中国—意大利（宁波）园区。健全"三社联动"机制，加强社会组织服务中心建设，积极引导社会组织借助协会、论坛等平台"走出去"，合力支持"一带一路"建设。这为宁波社会组织参与"一带一路"建设指明了方向，将有力推动宁波社会组织实现国际化发展。

二、宁波市社会组织参与"一带一路"建设的必要性

"一带一路"倡议是推动人类命运共同体建设的重要举措，要打造"一带一路"沿线国家政治互信、经济融合、文化互融的利益、责任和使命共同体，必然要求我国与沿线国家的政策沟通、设施联通、贸易畅通、资金融通、民心相通。其中"民心相通"起着基础性作用，做好"民心工程"不仅需要政府、企业的努力，还应发挥第三种力量——社会组织的作用。具有公益性、非营利性、志愿性等属性的社会组织是实现"一带一路"沿线国家间合作共赢的桥梁。宁波作为"一带一路"建设的支点城市、"一带一路"建设综合试验区、全国首个"16＋1"经贸合作示范区，在"一带一路"建设中具有特殊地位。"一带一路"倡议不仅为宁波社会组织作用的发挥提供了舞台，同时也为其国际化发展提供了机遇。根据宁波社会组织网站，截至 2020 年 4 月，宁波登记社会组织共 9966个，其中社会团体 2547 个，民非 774 个，基金会 45 个，但国际及涉外组织寥寥无几，表明宁波社会组织国际化尚处于初级发展阶段，严重影响着宁波"一带一路"倡议枢纽城市的建设，也影响着宁波国际化战略的进一步推进。因此，培育和发展国际性社会组织，推动社会组织国际化发展迫在眉睫。

第一，宁波"一带一路"倡议的实施离不开社会组织的参与。"一带一路"建设倡议书要求中国与沿线国家实现民心相通。"民心相通"是"一带一路"建设的民意资源、社会根基和重要支撑。作为实现沿线国家间合作共赢的桥梁，宁波社会组织的参与，有助于打通宁波与"一带一路"沿线国家的合作交流之路。宁波市社会组织应以"一带一路"建设为契机，结合自己的优势，顺势推动自身的国际化发展。另外，宁波社会组织参与"一带一路"建设配合中国政府参与全球治理、塑造提升大国地位、促进民间外交、维护国家利益、提升国际话语权、培育国际性社会组织的必然要求。

第二,"一带一路"建设有力推动了宁波社会组织的国际化发展。习近平总书记强调,要引导更多的社会力量投入"一带一路"建设,形成政府、市场、社会有机结合的合作模式,构建政府主导、企业参与、民间促进的立体格局。时任宁波市副市长王剑侯在讲话中提到,宁波是连接"一带"和"一路"的枢纽,与宁波缔结友城关系的"一带一路"沿线国家城市已达 45 个。宁波对外可以加强海上通道的互联互通,扩大与世界各国的互利合作,对内可以通过长江经济带和甬新欧海铁联运大通道连接"丝绸之路经济带",参与"一带一路"建设对宁波及其社会组织国际化都具有十分重要的战略意义。目前,宁波国际性社会组织发展缓慢,"走出去"的组织少、"走出去"活动类型单一、"走出去"的影响力不大,而"一带一路"倡议将为宁波社会组织提升参与国际事务的能力带来千载难逢的机遇,将为社会组织"走出去"提供项目、资金保障、技术指导,进行组织协调。宁波市政府需在"一带一路"建设中为社会组织发展留足空间,培育一批有影响力的国际性社会组织。

三、宁波市社会组织在"一带一路"建设中的角色定位

社会组织被称为经济、社会发展之外的第三种力量,独立于政府和企业之外,可以有效弥补政府协调和市场配置资源的不足。但作为新的治理主体,社会组织缺乏"走出去"的能力和经验,面临诸多困难和挑战。而"一带一路"倡议的提出,为中国社会组织等其他多元主体的共同参与提供了契机,也为"一带一路"建设的支点城市宁波的社会组织的国际化发展架起了桥梁。宁波社会组织参与"一带一路"建设需要有明确的角色定位。

(一)开展公共外交,营造积极的舆论环境

"一带一路"倡议自提出以来,受到了国际社会的广泛关注,得到了沿线国家地区的大力支持。但由于"一带一路"沿线国家数量较多,有着不同的国情与民情、制度、文化环境等复杂的社会环境,加之复杂多变的国际环境,部分沿线国家和地区难免会对"一带一路"倡议所涉及的自身利益存在担忧。加上西方一些国家鼓吹"中国威胁论",使得"一带一路"倡议的开展受到巨大的国际

舆论压力。面对这些问题,除了开展政府间合作外,还应充分利用社会组织的作用,但这恰恰是我国外交的痛点。长期以来,中国与周边国家高层往来频繁,可民间交流明显不足。

而随着全球治理方式的变革,社会组织在公共外交活动中发挥着越来越重要的作用,已成为公共外交活动的重要主体。作为市民社会的重要主体,社会组织在开展公共外交时,其非政府性、民间性、公益性的身份更易于被沿线国家地区人民认可。同时,社会组织在组织结构、体制机制等方面具有较大的灵活性,便于在不同的国家地区开展有针对性的公共外交活动。社会组织的广泛社会交往,有利于消除国际社会对"一带一路"倡议的偏见,更好地了解和理解其他国家政府和人民的意愿和行为。

总之,在"一带一路"建设中,应当充分发挥社会组织的影响力,向沿线国家宣传我国的发展理念,在交流中合作,在合作中发展,增进外国民众对中国的了解和信任,为实施"一带一路"建设营造有利的舆论环境。

(二)疏通民意,奠定良好的社会基础

当今世界是价值观念多元化、利益关系多样化的时代,经济社会的任何变革都会带来社会利益结构的重新分配、人们思想的改变和争论。"一带一路"建设作为一项系统性工程,不仅需要沿线国家政府和企业的认同与支持,也需各国民众的理解与参与。由于受国内投资体制惯性思维的影响,我国大部分企业在国内经营时主要是与地方政府打交道,缺少公众参与决策的环节,中国企业对外投资过于依赖当地政府部门,与项目相关利益方沟通交流较少,项目透明度不够。正是因为缺少对当地社会情况的了解,加上制度、文化的隔阂,不可避免会引起误会。例如,在"一带一路"建设过程中,必然会涉及各种征地、拆迁、环境等问题,有可能引起不同程度的社会矛盾。如果能够充分发挥中国社会组织在项目决策、运作过程中的交流沟通作用,更多倾听当地社会利益相关者的声音,那么就可以有效降低项目运作的风险。

(三)参与对外援助,提供公益服务

当今的国际援助体系,一般可以划分为官方援助和非官方援助。全球化

的发展带来了一系列的全球性问题,官方援助已经无法满足现实需要,社会组织作为新兴援助主体,可以弥补主权国家的局限性。"一带一路"沿线的部分国家和地区相对来讲还比较落后,需要在加快经济建设的同时,在扶贫、教育、医疗等社会建设领域开展援助工作。因此,我们在重视开展政府间重大项目合作的同时,也要鼓励中国社会组织开展对外援助活动,为当地民众提供各种公益服务。

社会组织参与对外援助,一方面,可以打破官方援助的单一模式,形成多元、竞争的对外援助模式;另一方面,社会组织具有灵活性和创新性的组织特点,便于针对不同的群体开展不同的援助形式。

(四)协助企业履行社会责任

"一带一路"倡议给中国企业"走出去"带来了新的发展机遇,中国企业在"一带一路"沿线国家的投资经营中,必须重视履行社会责任。中国企业只有与沿线国家地区共同创造可持续的经济与社会效益,才能在"一带一路"发展中走得更远。由于中国企业对社会责任的认识不足,社会责任问题已成为其在"一带一路"建设中面临的重要风险。国务院适时发布《推动共建丝绸之路经济带和21世纪海上丝绸之路的愿景和行动》,明确提出鼓励企业在东道国承担相应的社会责任,在促进当地经济发展、增加就业、改善民生和保护环境等方面做出应有贡献。社会组织为中国企业履行社会责任提供了良好的平台。一方面,具备高能力、高技能的专业人员,为企业出谋划策;另一方面,社会组织由于其非政府性、民间性、公益性更容易被民众所接受,广泛听取民意,反映群众意见。

四、推动宁波市社会组织参与"一带一路"建设的路径

宁波"一带一路"建设综合试验区的建立,是重塑宁波市开放新优势、服务国家新战略和完善对外通道的契机,也对宁波社会组织国际化发展提出了更高要求。为明确宁波社会组织参与"一带一路"的角色定位,在社会组织增强

自身综合能力的同时,宁波市政府和社会需克服国内外环境和制度障碍,推动有利于社会组织"走出去"的政策法规制定,完善有利于社会组织"走出去"的体制机制,为社会组织提供充足的资金和人力支持,从而构建以政府、企业、社会组织、学界等为主体的宁波社会组织国际化的独特路径。

(一)推动社会组织参与"一带一路"建设的顶层设计

社会组织应当以"一带一路"建设为契机,重视和加强社会组织国际化发展,支持其参与"一带一路"建设的顶层设计。第一,政府应当把支持社会组织参与"一带一路"建设作为推动其国际化发展的重要工作,将其纳入国家对外发展的整体战略中来。第二,加强社会组织国际化发展的战略规划,制定社会组织国际化发展的长期、中期、短期发展规划,如《中国社会组织推动"一带一路"民心相通行动计划(2017—2020)》。宁波作为"一带一路"建设综合试验区、"一带一路"建设的支点城市、海上丝绸之路重要发源地,要结合宁波社会发展实际,制定社会组织国际化中长期发展战略规划,为近 2.6 万个社会组织发展指明方向。第三,加强社会组织国际化发展的理论研究,加强对发达国家社会组织国际化发展模式和经验教训的研究,结合我国国情,形成具有中国特色的社会组织国际化发展的指导理论。

(二)健全社会组织参与"一带一路"建设的法律法规

相关法律法规是实现社会组织参与"一带一路"建设角色定位的根本保障。到目前为止,中国还没有社会组织参与国际事务方面的法律法规。要保证社会组织参与"一带一路"建设有法可依,第一,民政部要研究出台"关于推动社会组织参与'一带一路'建设专项行动的通知",并对社会组织相关法律法规进行修订,在援助方式、职权划分、项目管理、人员管理和法律责任等方面进行具体规定,为社会组织参与"一带一路"建设、在海外设立分支机构提供依据。第二,尽快研究制定"中国社会组织境外活动管理办法",对社会组织参与"一带一路"建设的活动原则、管理体制、活动范围、优惠政策、监督管理等做出规定,明确社会组织的合法地位。

（三）完善有利于社会组织"走出去"的体制机制

目前，缺乏有利于社会组织参与"一带一路"建设的体制机制。社会组织参与"一带一路"建设呈现积极态势，但各组织独自开展对外业务，尚未建立统一的领导机构和协调机制，无法实现资源的优化整合。国家层面也未对社会组织参与"一带一路"建设做出长期战略规划，包括政策法规、人才培养、资金支持、监管评估等。当前，宁波国际及涉外组织寥寥无几，表明宁波社会组织国际化尚处于初级发展阶段，这严重影响了宁波"一带一路"倡议枢纽城市的建设，也影响了宁波国际化战略的进一步推进，同时反映出缺乏"走出去"的体制机制严重阻碍了社会组织的国际化。

要建立有利于社会组织"走出去"的体制机制，第一，要建立和完善领导体制，成立例如"一带一路"建设领导小组、研究中心、促进中心等，推动建设社会组织参与"一带一路"的各类平台。第二，要建立和完善协调机制，加快建立社会组织参与"一带一路"建设的协同机制，逐渐实现协同创新、协同推进。

（四）提高社会组织参与"一带一路"建设的能力

为了更好地参与"一带一路"建设，社会组织首先应当完善自身的治理结构，按照宁波市政府办公厅《关于加快建立现代社会组织体制促进社会组织健康有序发展的意见》的要求，通过各种途径吸引和留住一批优秀的国际化专业人才。贯彻落实宁波高层次人才引进"3315"计划，提高工作人员的待遇，同时通过培训、交流提高工作人员的综合能力，特别是要提高社会组织人员的国际化水平，解决人才资源短板问题。此外，搭建社会组织参与"一带一路"建设的各种平台。建立和完善政府、企业与社会组织交流合作的平台。合作机制的建立，让政府、企业深刻认识到社会组织在对外交流中的独特作用，也能让社会组织把握政府政策，更好地了解企业困境、需求和期望，实现资源共享、互惠互利，实现利益最大化。同时，建立社会组织间的交流合作平台。通过平台建设促进宁波社会组织与在海外开展公益活动的中国其他社会组织及国际知名组织之间的交流与合作。当前，宁波社会组织在"一带一路"背景下实现国际化，不仅需要加强自身建设，还要学习发达国家社会组织海外项目运作经验和先进的管理制度。

宁波"一带一路"建设综合试验区、"16＋1"经贸合作示范区的建立,是重塑宁波市开放新优势、服务国家新战略和完善对外通道的契机,也对宁波社会组织国际化发展提出了更高要求。为明确宁波社会组织参与"一带一路"的角色定位,在社会组织增强自身综合能力和跨国服务能力的同时,宁波需克服国内外环境和制度障碍,推动有利于社会组织"走出去"的政策法规制定,完善有利于社会组织"走出去"的体制机制,为社会组织提供充足的资金和人力支持,从而构建以政府、企业、社会组织、学界等为主体的宁波社会组织国际化的独特路径,助力"一带一路"建设。

参考文献

[1] 郑礼平,冉思伟.社会组织参与"一带一路"及"走出去"路径研究——以红十字会为例[J].宁波广播电视大学学报,2018,16(4):22-28.

[2] 仇墨涵,刘培峰."一带一路"背景下中国社会组织国际化问题与建议[J].湘潭大学学报(哲学社会科学版),2019,43(6):143-149.

[3] 邵伍薇,文英,刘颖."一带一路"背景下社会组织"走出去"的风险防控——以广东为例[J].广东行政学院学报,2021,33(2):37-44.

[4] 徐丹.人类命运共同体视阈下社会组织的国际化研究[J].学会,2021(4):5-13.

[5] 张明娟.协同治理视角下济南市国际化社区治理存在问题及对策研究[D].济南:山东大学,2021.